心理学与
沟通技巧

连山 编著

中国华侨出版社
·北京·

在今天这样的信息时代，人们的文化视野、交际视野开阔了，有越来越多的场合需要公开地发表意见，用语言来打动别人。自我推荐、介绍产品、主持会议、商务谈判、交流经验、鼓励员工、化解矛盾、探讨学问、接洽事务、交换信息、传授技艺，还有交际应酬、传递情感和娱乐消遣都离不开说话。另外，看一个人是否有能力，这些能力能否表现出来，在很大程度上也取决于他是否会说话，因此，口才就成了衡量一个人是否有能力的重要标准之一。美国成功学大师戴尔·卡耐基说："当今社会，一个人的成功，仅仅有15％取决于技术知识，而其余85％则取决于人际关系及有效说话等软本领。"由此可见沟通技巧的重要性，掌握沟通技巧，已经成为现代人成功的必备条件。

说话看似很简单，但是要说出有水平，容易被人理解、接受的话则不能不懂得心理学。说话的根本目的在于表达和沟通，懂不懂心理学，表达和沟通的效果将大相径庭。一个会说话的人，遇见陌生人时，知道如何说话能跟对方达成一种"一见如故"的默契；和同事共事时，知道如何说话能受到大家的欢迎……而那些不会说话的人，笨嘴拙舌、词不达意，说出很多废话，不能与别人进行有效的沟通，不仅会坐失良机，也很难在事业上有出人头地的机会，若出言不当还会立刻"四面楚歌"。真所谓"一句话能把人说得笑，一句话也能把人说得跳"。

　　摸清心理说话是一件既容易又很不容易的事。中国台湾著名的成功学家林道安说："一个人不会说话，那是因为他不知道对方需要听什么样的话。假如你能像一个侦察兵一样看透对方的心理活动，你就知道说话的力量有多么巨大了！"为了帮助广大读者更好地掌握高超的说话本领，我们精心编写了这本《心理学与沟通技巧》。本书全面系统地揭示心理学在沟通技巧中的运用，比如，怎样赞美别人而不显阿谀奉承；怎样拒绝别人而不和对方交恶；怎样说好难说的话，应对尴尬场面，怎样打动别人，让别人按你说的做；怎样把话说到别人的心坎里；等等，指导读者把握好沉默的分寸，把握好说话时机、说话曲直、说话轻重和与人开玩笑的分寸，把握好调解纠纷时和激励他人时的说话分寸，懂得怎样问别人才会说，怎样说别人才会听。本书既阐释了在谈话中应该掌握和运用的心理学法则，又更深入地阐述了我们在谈话过程中遇到难题时应该采取怎样的心理应对方式，并有针对性地提出了一些切实可行的方法。读者通过本书能轻松提高自己的说话能力，在错综复杂的人际关系中应付自如，轻松应对生活中的各种场景，赢得友谊、爱情和事业，从而踏上辉煌的成功之路。

contents
目　录

好心情原理——说话时机重于说话内容

缄默效应——学会把话语权交给对方

中 篇

好口才离不开心理学

妙语寒暄，寻找共鸣沟通

下 篇

运用心理学，口才服天下

求职面试，实话巧说顺利通过

谈判周旋，巧词让对方无力反击

上
篇 | **心理效应与沟通技巧**

第一印象效应

——5 分钟与陌生人成为朋友的心理策略

人与人第一次交往中给人留下的印象，往往在对方的头脑中形成并占据着主导地位，这种效应即为第一印象效应。心理学家认为，由于第一印象主要是性别、年龄、衣着、姿势、面部表情等"外部特征"，一般情况下，一个人的体态、姿势、谈吐、衣着打扮等都在一定程度上反映出这个人的内在素养和其他个性特征。将第一印象效用用在口才艺术上，就要求我们在与人初次交谈时就要想办法尽可能在对方面前展示他喜欢的形象，这样你才能快速与对方成为朋友，从而达成所愿。

制造"一见如故"的感觉

交往之始，如果话说得好就能赢得陌生人的好感，进而更容易营造"一见如故"的氛围。

良好的第一印象是叩开交际大门的门票。第一句话说得好自然会拉近人们的距离。交往中的第一句话，绝不只是可有可无的寒暄，它将决定你们整个交往的感觉以及接下来互动的方向。所以，如果你想在后面的交往中如鱼得水，不妨先说好你的第一句话。

小金是上海一家文化传媒公司的经理秘书，负责接待从北京过来担任公司短期培训顾问的袁教授。在机场初次见面简单问好之后，小金说道："袁教授您肯定不常来上海，这几天我带您到几个著名的景点去逛逛，让您看看上海的新面貌……"袁教授表情冷淡地回应："不必了，我本身就是上海人，当初我在上海的时候你还没出生呢。"袁教授的反应出乎小金的意料，却又在情理之中。

小金本是好意，想要在初次见面时拉近双方的距离，营造出轻松、活跃的氛围，但她的第一句话拿捏得并不恰当，她的表达没有让袁教授感觉到应有的尊重和分寸。

试想一下，如果小金这样说，袁教授的反应还会跟之前一样吗："袁教授，您去过不少地方，见多识广，哪个城市给您留下的印象最深刻呢？不知道您对上海的评价怎样？您一路辛苦了，这几天的活动就交给我来安排吧……"显然，如果小金能在与袁教授初次见面时，运用更妥当的表达方式，接下来的接待过程将会顺利得多。

第一次见面时，双方还只是素不相识的陌生人，因此，整个互动实际上是一个敏感而充满疑虑、试探的过程，第一句话也就显得尤为重要。这是打消对方的疑虑，增进双方信任感和安全感的关键。卡耐基说："良好的第一印象是登堂入室的门票。"这里的第一印象常常被理解为相貌、服饰、举止、神态，却忽略掉最重要的一点——你和对方所说的第一句话。交往中的第一句话绝不只是可有可无的寒暄。如果想在后面的交往过程中如鱼得水，不妨先说好你的第一句话。

怎样才能说好交往中的第一句话呢？最重要的一点当然是选择合乎时宜的内容，而这是一个动态的过程，需要结合对方的身份、年龄、偏好，以及你们之前的关系、当时所处的情境等方面综合考虑。有一些原则是通用的：首先你要带着真诚和热情开始你们的交流，你是否真心要建立起交流关系，在你开口说话之前就能通过你的眼神为对方所感知；其次是要以尊重和包容为前提，无论对方和你处于怎样的情境和关系，尊重是你开口说话时应该带有的最基本的感情基调。再次是要带着兴趣去观察对方的特点、偏好，这有助于你有针对性地选择话题的方向。你可以考虑通过以下三种方式找出你们的第一个话题：

1. 从对方的地域找话题

一个人的口音就是一张有声的名片。我们可以从口音本身及其提供的地域引起很多话题。例如，从乡音说到地域，从地域说到他家乡的风土人情、名胜古迹等。

2. 从有关的物件中找话题

例如，客户办公室放有杂志，就可以从杂志找话题。还有一些物品是可以作为话题，用试探的口气来交谈的。比如，询问对方拥有的某一产品的产地、价格等，以此为话题和对方搭话，找到说话的机会。

3. 从对方的衣着穿戴上找话题

一个人的衣着、举止在一定的程度上可以反映出其身份、地位和气质，同样可以作为你判断并选择话题的依据。比如，你所见的人开了一辆宝马车，手上戴了一块劳力士表，你就可以主动问："如果我没有猜错的话您一定是位商界中的佼佼者！"一语即出，对方会有几分吃惊地说："你真是好眼力！"紧接着，就可以谈很多与企业生产、经营有关的话题了。即使你猜错了也不要紧，因为你把他看成企业家本身是一种赞美，对方心里也会高兴，并会礼貌地说出自己的真正身份。

另外，在开始交流时充分运用你的肢体语言，也会让你收到意想不到的效果。除了说话的内容以外，在这里，我们要推荐一些关于说话时的神情、动作、语气、语调的有用准则。

运用腹腔呼吸，不要用胸腔来呼吸，这样声音才会有力；

说话时把声调放低，这样听起来平稳、和谐，也更显得魅力十足；

多说"我行""我可以""我能做到""我会做好的"之类有信心的话，你的感觉会变得更好，别人也会增加对你的信心；

说话时配合一些手势，眼睛看着对方，并面带微笑，这样可以增强语言的感染力。

另外，也有一些需要注意的方面，它们是在表达中绝对应该避免的：

说话吞吞吐吐、结结巴巴，总带有"嗯""啊""这个"之类的赘词；

在话语中间插入一些"你知不知道""我对你说"这样的话，这样便打断了话语的连贯性；

说话高声大气，把气氛搞得很紧张；

说话像开机关枪，毫不停顿，结果弄得接不上气，搞得对方很难受；

说话时总喜欢带几个外语单词，更严重的是中文外文一块说，让人觉得你有卖弄之嫌。

当你掌握了这些技巧后，就掌握了人际交往的主动权。

沟通伊始，恰当地称呼他人很重要

沟通伊始，恰当地称呼别人十分重要，一个恰当的称呼可以叫到别人的心坎里，让别人更容易接受你。而不恰当的称呼则可能让别人的心里不舒服，进而影响接下来的交往。

在社交中，称呼是必不可少的。在职场交往中，人们对称呼是否恰当十分敏感。尤其是初次交往，称呼往往影响交际的效果。有时因称呼不当会使交往双方产生感情上的障碍。不同时代、不同国家、不同地区、不同社会集团之间都有不同的称呼，但也有共同的称呼，如，太太、小姐、女士、先生。因此，你必须懂得恰当地称呼别人，这样别人才会感到舒服，进而增进双方的感情。

有一位善于交际的朋友，在很多场合他都能结识很多新人。他是怎么做的呢？他对比自己小的年轻人总是很亲切地直呼其名，并以亲如兄长般的态度赢得小弟、小妹们的尊敬与喜爱。即使在他住院期间，他也能与医务人员打成一片。他曾说："与人交往中，首先要学会恰当地称呼别人，这样才能使人对你产生好印象。"

事实确实如此，就拿找人来说，你如果说："喂，总经理在哪里？"被问的人肯定不会理你。如果你礼貌地说："你好，请问王总去哪了？"那他则会很高兴地告诉你。

此外，在交往中，称呼还要合乎常规，要照顾到被称呼者的个人习惯，同时，还要注意入乡随俗。而根据场合，又可以分为工作中的称呼和生活中的称呼两种，在具体实践中各有不同。

在日常生活中，称呼应当亲切、自然、准确、合理。

在工作岗位上，人们彼此之间的称呼是有其特殊性的，应当庄重、正式、规范。

在工作中，最常用的称呼方法就是以交往对象的职务相称，以强调其特殊身份及自己的敬意。比如："陈总（经理）""王处长"等。

对于具有职称者，尤其是具有高级、中级职称者，可以在工作中直接以其职称相称，如"侯教授""张工（程师）"等。而以头衔作为称呼，则能增加被称呼者的权威性，更加有助于增强现场的学术气氛，如"陈博士"等。

使用称呼还要注意主次关系及年龄特点。如果现场有多人，应以先长后幼、先上后下、先疏后亲的顺序为宜。如在宴请宾客时，一般要按女士、先生、朋友们的顺序称呼。使用称呼时还要考虑心理因素。

客气的称呼会使对方感到愉快。在有些场合，如果你适当地喊出对方的名字，更会使人感到亲切愉快。

与重要人物见面，说话时阵脚不可乱

重要人物也是人，与重要人物见面时首先要克服羞怯畏惧的心理，说话的时候才能不自乱阵脚。

很多人都有这样的困扰——在生活或工作中遇上了名人、领导或者对自己有帮助的重要人物，心里十分想迅速接近他们，进行一场融洽的交谈，但始终找不到一个突破点，或者交流过程中总觉得非常僵硬。其实，与这些重要人物交流也有一定的技巧。"大人物"也是人，他们也有和平常人一样的感情世界。

所以，与这些重要人物交往，不要有羞怯畏惧的心理，只要真正表现你内心的想法，你就能与任何重要人物开口说话。这一点是与重要人物交往最基本的要领。当然，要想顺利地与这些人进行交谈的话，我们还需要对不同类型的重要人物进行了解与分析，做足准备工作。

1. 与名人说话

名人往往比寻常人有更多的成就，而且也有各自的嗜好。当你准备去拜访某位名流时，你可以预先就谈话内容做点儿准备。

遇到有名的作家、诗人、画家、音乐家等从事创作的人，我们可以准备一些他们感兴趣的话题来与他们探讨，因为这类人往往有广泛的兴趣。他们在社交场合或许不活跃，但往往也有启发人们思想的独到之处。与他们讨论一些问题，可以让他们将独特的见解表达出来。与这些人交谈，必须耐心，不要轻易动怒，也不要太热切，要温和、冷静和体贴。

在多数情况下，与名人谈孩子是不会错的。从孩子入手，谈话就容易进行，但要注意话题不要扯得太远，要适可而止，更不要试图打探别人的隐私。

2. 与专业人士说话

在社交场合中，我们不宜向各种有地位的专业人士要求提供免费的建议。即使你的问法很有技巧，那也是一种冒犯。你问得再有技巧也瞒不过专业人士的眼睛。各界专业人士的职务便是他们向客户出售的商品。我们应该在他们营业的时候咨询各种建议。

与重要人物说话，最基本，也是最重要的是自然和真诚。有些人看到名人、富人等大人物只是一味地说些奉承话和空话，这是不能和对方交流愉快的。面对这些重要人物，你大可不必紧张，所谓的"重要人物"也像普通人一样，抵不过疲倦，也承受不住伤害。

光环效应

光环效应是指对他人直觉上的一种偏差倾向，当一个人对另一个人的某些主要品质有个良好的印象之后，就会认为这个人的一切都良好，这个人就被一种积极的光环所笼罩。反之，则被赋予其他不好的品质。在日常生活中，光环效应往往在悄悄地影响着我们对别人的认知和评价。有的青年人由于倾慕朋友的某一可爱之处，就会把他看得处处可爱，真所谓一俊遮百丑。将光环效应用在口才艺术上就要求我们在与人交往过程中尽可能展现自己的口才优势，以出众的口才在自己头上形成一道光环，从而让对方对自己的各方面都做出肯定的评价。

让别人折服于你的语言魅力

顺着人心说话效果可说是事半功倍。顺着人心说话能让你凭借三寸不烂之舌就征服别人，让别人拜倒在你的语言魅力之下。

一般来说，一个人的性格特点往往通过自身的言谈举止、表情等流露出来。快言快语、举止简洁、眼神锐利、情绪易冲动的人，往往是性格急躁的人；直率热情、活泼好动、反应迅速、喜欢交往的人，往往是性格开朗的人；表情细腻、眼神稳定、说话慢条斯理、举止注意分寸的人，往往是性格稳重的人；安静抑郁、不苟言笑、喜欢独处、不善交往的人，往往是性格孤僻的人；口出狂言、自吹自擂、好为人师的人，往往是骄傲自负的人；懂礼貌、讲信义、实事求是、心平气和、尊重别人的人，往往是谦虚谨慎的人。当我们面对不同性格的谈话对象时，一定要认真分析，区别对待。

不过，这并不是要你做一个没有"自我"的人，如果你真的如此，那你就成为别人的影子了。"顺着人心"只是方法，而不是目的，你如果能熟练地运用这个方法，别人就会在不知不觉之中受到你的影响，甚至接受你的意见。那么，如何顺着人心说话呢？

1. 倾听

很多人都有发表欲，如果他在社会上已有一些成就，更有不可抑制的发表欲，当他滔滔不绝的时候，你就做一个倾听者。一则，你的倾听可以满足对方的发表欲，他一满足，对你就不会有恶感；一则，你可在倾听中了解他的个性和观念。然后，你要顺着他的谈话，发出"赞同声"，还可以在恰当的时机提出一些问题让对方说明。如果你这样做了，你便能赢得对方的好感，甚至使对方更加相信你。

2. 不要辩论

如果对方说的话你不同意，你也不要辩驳。即使你们是好朋友，也不宜轻易和他辩论，因为有些事情并不能辩明白，而且很可能越辩越生气，最后不欢而散。如果你辩倒对方，那更有可能造成关系的中断！

3. 称赞

喜欢赞美是人类的天性，其实赞美也是一种爱抚。赞美什么呢？你可以赞美他的观念、见解、才能、家庭……反正对方有可能引以为荣的事情都可以赞美，话虽不多，效果却非常惊人。

诸葛亮对关羽便采取此法。马超归顺刘备之后，关羽提出要与马超比武。为了避免二虎相斗，诸葛亮给关羽写了一封信：我听说关将军想与马超比武。依我看来，马超虽然英勇过人，但只能与翼德并驱争先，怎么能与你美髯公相提并论呢？再说将军担当镇守荆州的重任，如果你离开了造成损失，罪过有多大啊！关羽看了信以后，打消了入川比武的念头。

4. 引导

这是最重要的方法，在与人协商中，尤其需要"引导"这一招。也就是说，你要在对方已经满足时，才把你的意思表现出来，但表现的方式还是要顺着人心，不要让对方感到不快，例如你应该说"我很同意你的观点，不过……"或"你的立场我能了解，可是……"，先站在对方的立场上，再提出自己的观点，把对方的意志引到你希望的地方去。

这样的方法可以用于平时与人相处，可以用于说服别人，也可以用于带领下属，效果可说是事半功倍。

巧用妙语，打好圆场

巧妙地说话，其实就是打好圆场。想要事事有个圆满的收场，就得锻炼自己的口才，提高自己的"语商"。

不管做什么事情，我们都渴望能有个圆满的收场，这就需要我们平时多多读书，多多磨炼，头脑充实，机智敏捷，反应灵活，并且平日持之以恒。与此同时，还要注意培养敏捷的表达能力，以及逻辑与语言修辞素养。

有一个销售员在一家百货商店前推销他那些"折不断的"梳子。为了消除围观者的怀疑，他捏着一把梳子的两端使它弯曲起来。突然间，那把梳子啪的一下断了，销售员顿时惊得目瞪口呆。这个时候，只见他把它们高高地举了起来，对围观的人群说："女士们，先生们，这就是梳子内部的样子。"

如果一个人平时总是思考如何应付复杂的局面和临场突发情况，临战时自然不会仓促和不知所措。

有一个卖瓦盆的人，为了能够早点把瓦盆卖出去，便当着顾客的面用旱烟锅子敲了起来。他边敲边喊："听这瓦盆啥响声啊！"可是，令他意想不到的是瓦盆被敲破了。旁边看热闹的人忍不住笑出了声。他忙指着瓦片对身边的人说："你们看这瓦茬子，棱是棱，角是角，烧得多结实呀。"

参加面试时，主考官所问的问题并不一定有什么标准答案，只要能自圆其说便算是成功。

有一个年轻的小伙子来面试，主考官问了一个问题："你为什么要离开现在的企业？"他回答："在那家企业没有前途。""那么怎么样才算有前途？"主考官接着问。"企业蒸蒸日上，个人才能得到不断提高和发展。""你们公司的产品在市场上的占有率名列前茅，员工收入也很高，这是有口皆碑的，怎么能说在这个企业没有前途呢？"这位求职者被问倒了，为什么会出现这种情况呢？那是因为他不清楚随着问题的不断深入，他先前的论点将无法成立，这样就不能自圆其说了。

我们常常会遇到这样的提问，"你最大的优点是什么"和"你最大的缺点是什么"。这两个问题看起来很简单，可是要回答好却不是一件容易的事情，因为接下来主考官有可能会问："你的这些优点对我们的工作有什么帮助？你的这些缺点会对我们的工作带来什么影响？"然后还可能层层深入，"乘胜追击"，求职者是很容易陷入不能自圆其说的尴尬境地的。几乎所有的面试问题都有可能被主考官深化和挖掘，所以在回答问题之前一定要先考虑周到，然后再给予回答，这样才不至于使自己陷入被动的局面之中。

在日常生活中，我们不需要自夸，但在某些场景中，需要好好运用自己的口才，把话说得巧妙高超。

说话要扬己之长，避己之短

平时说话要懂得扬长避短的道理，多说一些自己的长处，少说一些自己的短处。

古人云："梅须逊雪三分白，雪却输梅一段香。"在常人的眼睛里，每个人或多或少总会在某方面存在一定的缺陷，就算是伟人也毫不例外：拿破仑矮小、林肯丑陋、罗斯福曾患脊髓灰质炎，而这些都没有阻挡他们极其辉煌自信的一生。

瑞士银行中国区主席兼总裁李一，在 1988 年最初去美国迈阿密大学留学时，学的是体育管理专业。他发现那是"富人玩的游戏"，于是在离毕业还有半年时，他毅然报考沃顿商学院。

美国沃顿商学院是世界首屈一指的商学院，李一考得并不轻松，前后面试了三次，仍没结果。最后一次面试，他干脆在考场上直截了当地问主考官："如果我没有被录取，最可能的原因是什么？"

"很可能是因为你没有工作经验。在美国，商学院录取的前提条件是要有商务工作经验。"

李一做出的反应不是承认自己的不足，或者是如何改变自己的缺点，而是立刻反驳："按你们的招生材料所说，沃顿作为世界最优秀的商学院，肩负着培养未来商务领袖的重任。但世界各国发展很不平衡，如果按你们现在的做法，商务成熟的国家会招生特别多，像中国这样的发展中国家可能一个也不招，这跟沃顿商学院的办学宗旨是自相矛盾的。"

出人意料的是，李一的反驳得到了主考官的欣赏。面试结束后，招生办主席秘书给李一打了一个电话："主席对你的印象特别好，说你很自信，与众不同。"后来，在当年52个申请该校的学生当中，李一成为唯一被沃顿商学院录取的中国学生。

李一的自信赢得了考官的欣赏，为自己铺垫了人生道路上的一块重要基石，更重要的是，他战胜了自己，他能够扬长避短，主动出击。著名管理学家德鲁克博士曾在1999年的《哈佛商业评论》中发表观点：对于一个集体，需要克服的是"短板定理"；而对于个人，发挥自己的长处，比努力去补齐短板更为重要。

我们都知道田忌赛马的故事，对手的每一匹马都有相对应的绝对优势。但没有关系，不需要补齐短板，只要注重自己能够形成优势的策略，简单地进行以长击短的顺序调整：上等马对中等马，中等马对下等马，下等马对上等马，就能获得完全不同的结局。

其实，每个人都有自己的可取之处。你也许不如同事长得漂亮，但你却有一双灵巧的手，能做出各种可爱的小工艺品；你现在的工资可能没有大学同学的工资高，不过你的发展前途却比他的大，等等。这并不是一种吃不到葡萄就说葡萄酸的心理，因为世界这么大，永远没有绝对的好，只有相对的好，永远没有绝对的失败，而只有相对的成功。

这世界上的路有千万条，但最难找的就是适合自己走的那条路。每一个人都应该努力根据自己的特长来设计自己的路，量力而行，根据自己的环境、条件、才能、素质、兴趣等确定发展方向。不要埋怨环境与条件，应努力寻找有利条件，不能坐等机会，要自己创造机会，拿出成果来，获得了社会的承认，事情就会好办一些。每个人都应该尽力找到自己的最佳位置，找准属于自己的人生跑道。当你事业受挫了，不必灰心也不必丧气，相信坚强的信念定能点亮成功的灯盏。

每个人都有自己的特质和特长，所以不要怀疑自己，更不要轻易地否定自己。认清你自己的优势与弱点，如果你身上有暂时或是永远无法补齐的"短板"，那么就吸引别人注意你身上的闪光之处。每个人都有自己的发光点，只要你善于利用，就能扬长避短，形成制胜的优势。

学会保持神秘感

如果你渴望在社会交往中，保持良好的人际关系的同时，得到更多仰慕的目光，那么就要掌握与人保持适度距离的技巧。保持适当的神秘感，会让你更有吸引力。

人们总说，得不到的东西是最好的，在没有得到之前，总有丰富的想象空间和追逐目标的快乐过程。狮子般的人一旦与人亲近，便失去了威严。这就是重要人物总是为保持神秘感，减少在公众场合的露脸次数的原因。所以保持适当的神秘感，会让你更有吸引力。

有一种情况最适用于恋爱中的人。心理学中有一种升值规律，即越是得不到的东西，越是朝思暮想。两个刚认识不久的人一定会非常迫切地希望知道对方的事情，尽管这是理所当然的愿望，却也会造成不利局面。对方一旦了解你的全部事情，对你的兴趣也可能会随之急速冷却，因此，要使每次约会都有新鲜感并使他对你持续抱有兴趣，一定要在恋爱期间保有一点神秘感。

不要说太多关于自己的事情，如果从自己出生开始到现在的一切，你都对他说得一清二楚，那你对他就根本没有神秘感可言。因此，若提到自己的事也要坚持不说某一时期或某些话题，留出一段空白。

保持神秘感，并不是指拉远距离，隔着十米远说话。保持神秘感，也要注意保持合适的距离。

一位心理学家做过这样一个实验。在一个刚刚开门的大阅览室里，当里面只有一位读者时，心理学家就进去拿椅子坐在他的旁边。试验进行了整整 80 人次。结果证明，在一个只有两位读者的空旷的阅览室里，没有一个被试者能够忍受一个陌生人紧挨着自己坐下。这个实验说明了人与人之间需要保持一定的空间距离。任何一个人，都需要在自己的周围有一个自己把握的自我空间，它就像一个无形的气泡一样为自己割据了一定的领域。而当这个自我空间被人触犯就会感到不舒服，不安全，甚至恼怒起来。

我们看到，这样的距离是让人不能承受的，它侵犯了人的私密空间。专家提醒我们正常的交往范围如下所示。

亲密距离：近范围是 15 厘米之内；远范围是 15 ～ 44 厘米。这是人际交往中的最小间隔，即我们常说的"亲密无间"，彼此间可能肌肤相触，耳鬓厮磨，以至相互能感受到对方的体温、气味和气息。远范围身体上的接触可能表现为挽臂执手，或促膝谈心，仍体现出亲密友好的人际关系。

个人距离：近范围是 46 ～ 76 厘米；远范围是 76 ～ 122 厘米。这是人际间隔上稍有分寸感的距离，较少的身体接触能相互亲切握手，友好交谈，这是与熟人交往的空间。

社交距离：近范围为 1.2 ～ 2.1 米；远范围为 2.1 ～ 3.7 米。这个距离体现出一种社交性或礼节上的较正式关系。一般在工作环境和社交聚会上，人们都保持近范围的距离。不同的情境、不同的关系有不同的人际距离。距离与情境和关系不相对应，会明显导致人们出现心理不适感。

公众距离：近范围约 3.7 ～ 7.6 米；远范围在 7 米之外。这是公开演说时演说者与听众所保持的距离。这是一个几乎能容纳一切人的"门户开放"的空间，人们完全可以对处于空间的其他人视而不见，不予交往。这个空间的交往大多是当众演讲之类，当演讲者试图与一个特定的听众谈话时，他必须走下讲台，使两个人的距离缩短为个人距离或社交距离，才能够实现有效沟通。

如果你在保持良好的人际关系的同时，想要得到更多仰望的目光，那么就要掌握与人保持适度距离的技巧。距离产生的神秘光环一定会让你更加富有吸引力。

不要夸夸其谈

有些人讲话常常不考虑听者的感受，也不让他人有讲话的机会，所以容易引起他人的不满。其实，话语不在多少，只要恰到好处地说到"点儿"上即可，说多了反而会引起别人的反感。

古人言："劳谦虚己，则附之者众；骄慢倨傲，则去之者多。"善于交际的人往往虚怀若谷，在谈话中给别人留一片天地，而自以为是之人常常口若悬河、夸夸其谈，不给别人留说话的空间。后者把自己看得很重，常常会让别人敬而远之，而前者常常把自己放得很低，虚心接受，自然会赢得大家的尊重。社交中多一点谦和、谦虚、谦让、谦恭能让你在危急时刻获得绝处逢生的机会。

一个年轻人想到大发明家爱迪生的实验室里工作，爱迪生接见了他。这个年轻人为表示自己的雄心壮志，说："我一定会发明出一种万能溶液，它可以溶解一切物品。"爱迪生便问他："那么你想用什么器皿来盛放这种溶液呢？"

年轻人由于把话说绝了，陷入了自相矛盾的境地。如果将"一切"换为"大部分"，爱迪生便不会反诘他了。

词用对了，修饰程度不同，说起话来分寸就不一样。如"好"一词，可以修饰为"很好""非常好""最好""不好""很不好"等，这些词要慎重使用。

好的修饰词能使意思表达完整，恰到好处。过于夸张或过于缩小的修饰词，则会与客观实际相冲突。屠格涅夫的小说《罗亭》中，皮卡索夫与罗亭有一段对话：

　　罗：妙极了！那么照您这样说，就没有什么信念之类的东西了？

　　皮：没有，根本不存在。

　　罗：您就是这样确信的吗？

　　皮：对。

　　罗：那么，您怎么能说没有信念这种东西呢？您自己首先就有一个。

　　因此，遇到没有把握的事，一定要多用"可能""也许""或者""大概""一般"等模糊意义的词，为自己的判断留有余地。

　　话多的人不一定智慧多。在人际沟通中，说话切记不要旁若无人、滔滔不绝地讲个不停，应该给人留余地，让别人也有讲话的机会，这才是智者所为。

罗森塔尔效应

—— 几乎每个人都渴望赞美与尊重

　　美国心理学家罗森塔尔考查某校，随意从每班抽 3 名学生共 18 人写在一张表格上，交给校长，极为认真地说："这 18 名学生经过科学测定全都是智商型人才。"事隔半年，罗森塔尔又来到该校，发现这 18 名学生的确超过一般学生，长进很大，再后来这 18 人全都在不同的岗位上干出了非凡的成绩。这一效应就是期望心理中的共鸣现象。罗森塔尔效应留给我们这样一个启示：赞美、信任和期待具有一种能量，它能改变人的行为，当一个人获得另一个人的信任、赞美时，他便感觉获得了社会支持，从而增强了自我价值，变得自信、自尊，获得一种积极向上的动力，并尽力达到对方的期待，以避免对方失望，从而维持这种社会支持的连续性。

人人都渴望被夸奖

　　赞美对任何人来说都是必不可少的。心理学家威廉·詹姆士曾说过："人类本质中最殷切的要求就是渴望被肯定。"的确，当一个人应该得到赞美而得不到时就会心灰意冷、牢骚满腹，甚至从此自暴自弃。反之，当他听到别人对自己长处的赞美时，就会感到愉快，鼓起奋进的勇气。即使他现在还不够完美，只要你给他充分的、恰如其分的赞美和肯定，那么在不久的将来，你就会惊喜地发现，他已经成为你想让他成为的那类人了。

从心理学的角度来看，人们的行为受到动机的支配，而动机又是随着人们的心理需要而产生的。一旦人们渴望得到他人肯定的心理需要得到满足，便会成为使其积极向上的原动力。比如在训练运动员的过程中，如果教练员能够适时地对运动员所取得的训练成绩加以肯定，很多时候就可以促使运动员完成他一直无法完成的某一高难度动作或姿势。

赫洛定律是一种人际关系的需求理论，它强调满足对方的渴求，以此获得他人的认可与信任。就说话而言，我们与人交谈，从某种意义而言，就是一种探求对方需求的过程，通过这种过程，我们知晓对方的心理活动，由此确定下一步谈话的内容。根据赫洛定律，我们可以探求各种人对不同幽默的喜好，随之在谈话中多多运用对方喜欢的幽默段子，那么和谐而欢娱的气氛就油然而生。

喜欢被赞美是人的一种本性。古今中外无数人的言行都证明了这一点。

卡耐基小时候是一个公认的非常淘气的男孩。在他9岁的时候，父亲把继母娶进家门。当时他们是居住在弗吉尼亚州的乡下的贫苦人家，而继母则来自条件较好的家庭。他父亲向她介绍卡耐基时说："亲爱的，希望你注意这个本地最坏的男孩，他可让我头疼死了，说不定他会在明天早餐以前拿石头扔你，或者做出别的坏事，总之让你防不胜防。"

出乎卡耐基意料的是，继母微笑着走到他面前，托起他的头看看他，接着又看看丈夫，说："你错了，他不是本地最坏的男孩，而是最聪明的但还没有找到发挥他聪明才智的方式的男孩。"继母的话说得卡耐基心里热乎乎的，因为在继母到来之前，没有一个人称赞他聪明，他的眼泪几乎滚落下来。从此以后，他和继母建立起友谊，而这也成为激励他的一种动力，使他日后创造了成功的 28 项黄金法则，帮助千千万万的普通人走上了成功和致富的光明大道。

人性深处，所有人都渴望被赞美。因为赞美，我们可以获得更多前行的动力；因为赞赏，我们可以确认自己存在的价值。吉祥上师对这一人性特点曾做过精准的剖析，他认为："我们大多数人总是希望得到别人的赞美，却很吝啬对别人的赞美。当我们做了一点小事的时候，总是希望别人可以来表扬自己。这是很多人都在不断重复的思维怪圈。"上师提醒我们说："应该多赞美别人，想想当我们取得小小进步，或者做了一点小事，别人总是击掌称赞的时候；想想我们在获得赞扬时的兴奋与喜悦，我们就应该怀着感恩的心，时刻提醒自己，好好去为别人的努力鼓掌，无论成功或失败。"

没有人不会为真心诚意的赞赏所触动，领导也是如此。下属要善于抓住领导胜过别人的、最引以为豪的东西，并将其放在突出的位置进行赞美，这样往往能起到出乎意料的效果，达到和领导沟通的良性效果。对于这一点，历史上还有一个很经典的实例。

古时候，一个叫彭玉麟的官员，有一次路过一条狭窄的小巷。

一个女子正在用竹竿晾晒衣服，一不小心竹竿掉了下来，正好打在他的头上。彭玉麟勃然大怒，指着女子破口大骂起来。那女子一看，认出是官员彭玉麟，不禁冷汗直冒。但她猛然间急中生智，便正色道："你这副腔调，像行伍里的人，这样蛮横无理。你可知彭官保就在我们此地！他清廉正直，爱民如子，如果我去告诉他老人家，怕要砍了你的脑袋呢！"彭玉麟一听这女子夸赞自己，不禁喜气上升，而且又意识到自己的失态，马上心平气和地走了。

晒衣女面对彭玉麟的怒气，急中生智，采用美誉推崇的方式来遏止对方。她装作不知道对方是谁反而斥责对方蛮横无理，并且夸彭官保清廉正直，说向其告状会治他的罪。这并非"当面"夸奖，却胜过当面夸奖，说得彭玉麟心里美滋滋的：自己在民间居然有这么好的吏治声誉，绝不应该为这些小事而损害形象。幡然醒悟之后，便转怒为笑，一场眼看要爆发的争吵就这样巧妙地化解了。

晒衣女的这一招的确高明，一顶恰到好处的"高帽"往往能浇灭对方的怒火，因为维护自己在别人心目中的好形象是每个人本能的选择，在一番赞美面前，谁还有心情去生气呢？

另外，对领导说的赞美话要切合实际，如果到领导家里，与其乱捧一场，不如赞美领导的房子布置得别出心裁，或欣赏壁上的一幅好画，或惊叹一个盆栽的精巧。若领导爱狗，你应该赞美他养的狗，领导养了许多金鱼，你应该谈那些鱼的美丽。赞美领导最在意的东西，最心爱的宠物，最费心血的设计，这比说上许多无谓的虚泛的客套话更受用。

清朝末年，著名学者俞樾在他的著作《一笑》中，讲过这样一个故事。

古代有一个京城的官吏，被调到外地任职。临行前，他去跟恩师辞别。恩师对他说："外地不比京城，在那儿做官很不容易，你应该谨慎行事。"

官吏说："没关系，现在的人都喜欢听好话，我已经准备了一百顶高帽子，见人就送他一顶，不至于有什么麻烦。"恩师一听这话，非常生气地对这位官吏说："我反复告诉过你，做人要正直，对人也该如此，你怎么能这样？"

官吏说："恩师息怒，我这也是没有办法的办法。要知道，天底下像您这样不喜欢戴高帽子的人能有几位呢？"官吏的话刚说完，恩师就得意地点了点头："你说得也有道理。"

从恩师家出来，官吏对他的朋友说："我准备的一百顶高帽子，现在仅剩九十九顶了！"

这个笑话说明谁都喜欢听赞美的话，就连那位自称"为人要正直"的老师也一样。所以，在拜访客户时，请不要忘记适度的赞美。

讨厌别人赞美自己的人少之又少。即使有，其内心的本意也未必尽然。因为人都有获得尊重的需要，而赞美，则会使人的这一需要得到极大的满足。所以，要想获得他人的好感，最有效的方法就是适度赞美他。

每个人都有很多优点和个人特色，如果赞美符合他人的实际情况，就会收到意想不到的效果，若只是凭空捏造、信口开河，则成了虚伪。假如你对我们的养护工人这样说："你真是一个成功人士，你有非凡的气质，你是一个伟大的人物"。那么你一定不会获得他人的好感。因为这句赞美的语言你用错了人，自然就显得虚伪。对我们的养护职工你可以用"吃苦耐劳，不偷奸耍滑，对工作敬业，能吃亏不怕脏，聪明朴实肯动脑筋"等语言给予肯定和赞美，这样的赞美才显得真诚。

赞美的语言人人爱听，这是人们的共同心理。恰如其分的赞美会让人精神愉悦，赢得他人的信任和好感。在许多场合，适时得当的赞美常常会产生神奇功效，美国前总统林肯曾经说过："人人都需要赞美，你我都不例外。"人人都渴望赞美，这是人们的共同愿望。领导对职工给予赞美，是对职工工作成绩的肯定，能鼓励职工充分发挥主观能动性和聪明才智，再接再厉地取得更大的成绩。朋友之间、同事之间给予赞美，能使彼此之间感情更融洽，友情更纯真。夫妻之间相互欣赏、赞美，可以增进恩爱、巩固婚姻。当父母的不失时机恰到好处地赞美儿女，既鼓励他们百尺竿头更进一步，又可增强家庭的凝聚力。一个笑容可掬，善于发现别人优点并给予赞美的人，肯定会受到别人的尊敬和喜爱。留意别人的长处，学会欣赏别人，赞美他人，这是一门为人处世的艺术。

赞美的话要发自内心

如果你的赞美之词不是发自内心的，那么，你的赞美很难达到预期的功效。

赞美别人就是发现别人的美，并且用恰当的语言表达出来。赞美的语言稍微夸张一点是可以的，但是倘若言过其实，便会让人怀疑你赞美的诚意和动机了。

有这样一个人，在单位里经常赞美同事，见到领导时，赞美的话更是滔滔不绝。见到身材魁梧的领导，他就说："一看就知道您是有福之人啊！"当见到秃顶的领导时，他就说："贵人不顶重发，聪明绝顶啊！"这些话倒是不伤大雅，倒还能让领导开心，只是有一次，因为他过分夸大的赞美言词让领导对他有了重新的认识。

某领导在应酬时，酒喝多了，走路时一不小心摔了一跤，这时，这位经常赞美领导的"赞美家"赶紧过来扶起领导，嘴里说道："领导为了工作，连自己的身体都不顾了，就算是喝得胃出血也没有任何怨言。"喝醉了酒的领导一听到有人这样"赞美"自己，一下子就火了，指着这位时时不忘赞美领导的人破口大骂："你到底会不会说话，你那是称赞我吗？你是盼着我死吧？"这次，平日伶牙俐齿的他再也说不出任何赞美之词了。

上文中那个人的赞美之所以得不到听者的认可，是因为他的赞美之词不是发自内心的。在他的赞美中，有很重的趋炎附势、惺惺作态的成分。这样的赞美是无法打动人心的。

小王是建筑公司的拆迁办主任，在拆迁工作顺利进行的时候，一家不配合，使拆迁工作不得不停下来。小王通过了解得知，这家的主人是一名老军人，他之所以不肯搬家，是因为这套四合院是他光荣离休后政府赠予他的。

随后，小王亲自拜访了这位老人。他进入到老人的书房，看见墙上都是老人身穿军装的照片，不由得说道："您老年轻时一定是名勇敢的军人。因为我在您身上仿佛见到了你当年奋勇杀敌的勇猛和果断。"老人没有作声。小王继续说："我小的时候就愿意和我爷爷在一起，他总有许多战场上的故事可以讲，后来他年纪大了，有的故事甚至都讲20遍了，可是每次他像是第一次讲一样，眼中充满了激动的泪水。我想您所知道的故事一定和我爷爷知道的一样多，甚至比他的还多。而这其中的辛酸不易，我想只有您自己体会得最深刻了。"

说到此，小王起身说道："老先生，打扰您这么久，真是对不住啊！"说完他就走出了屋子，往大门外走去。当他即将迈出大门时，老人在背后喊道："明天过来时把拆迁的公文带来，让我好好瞅瞅。"小王心里的大石头终于落了地，老人要看公文，证明拆迁的事情有戏了。

从头至尾，小王只字未提拆迁的事，只是和老人聊家常。其实，正是小王的家常话打动了老人。小王称赞老人勇敢，称赞老人阅历丰富，这都是发自内心的赞美。他的赞美之词在老人的心中也激起了层层涟漪。因为小王真诚的赞美，叩开了老人的心门。

有的人非常吝啬对他人的赞美，认为那是阿谀奉承的表现，是令人不齿的做法，然而人人都喜欢听到他人的赞美，都以得到他人的赞美为荣。因为，如果能得到别人的赞美，说明自己的行为得到了他人的认可，对赞美他的人自然就会产生好感。无论何时，赞美都拥有神奇的力量，能帮助他人走出困境，是交际中最有效的手段之一。发自内心的赞美，是任何人都喜爱的。

出其不意的赞美让人喜出望外

赞美的新意很重要，需要我们综合各方面的因素来翻出恰当的"新"意，否则便会弄巧成拙、适得其反。

一些人在公共场合赞美别人时，自己想不出怎样赞美，只能跟着别人说重复的话，附和别人的赞美。常言道：别人嚼过的肉不香。朱温手下就有一批鹦鹉学舌拍马的人。

一次，朱温与众宾客在大柳树下小憩，独自说了句："柳树好大！"宾客为了讨好他，纷纷起来互相赞叹："柳树好大。"朱温听了觉得好笑，又道："柳树好大，可做车头。"实际上柳木是不能做车头的，但还是有五六个人互相赞叹："可做车头。"朱温对这些鹦鹉学舌的人烦透了，厉声说："柳树岂可做车头！"于是把说"可做车头"的人抓起来杀了。

在整日聚首的人际关系中，一家人之间或一个科室的同事之间，有些赞美很可能多次重复，已经形成某种公式和习惯了，这就没什么意义和作用。就像是同一张唱片或同一盘录音带只是在不同的时间播放一样，让人感觉乏味。

赞美加一点新意，鼓励作用会更大。正如有人所说："一点新意，一片天空。"

赞扬要有新意，当然要独具慧眼，善于发现一般人很少发现的闪光点和兴趣点，即使你一时还没有发现更新的东西，也可以在表达的角度上有所变化和创新。

对一位公司经理，你最好不要称赞他如何经营有方，因为这种话他听得多了，已经成了毫无新意的客套了。倘若你称赞他目光炯炯有神、潇洒大方，他反而会被感动。

赞美是所有声音中最甜蜜的一种，赞美应该给人一种美的感受。新颖的语言是有魅力的、有吸引力的。简单的赞扬也可能是振奋人心的，但是一种本来不错的赞扬如果多次单调重复，也会显得平淡无味，甚至令人厌烦。一个女人就曾说过，她对别人反复说她长得很漂亮，已经感到很厌烦，但是当有人告诉她，像她这样气质不凡的女人应该去演电影，她笑了。

几乎所有的女人，都是很质朴的，但仪态万方这一目标，却是她们孜孜以求的。这是她们最大的荣誉，并且常常希望别人赞美这一点。但是对那些有沉鱼落雁之容、闭月羞花之貌的倾国倾城的绝代佳人，就要避免对其容貌的过分赞誉，因为对于这一点其已有绝对的自信。你可以转而去称赞其智慧和品格。

马克·吐温曾经说过："一句好的赞美能当我十天的口粮。"我们每天都让新鲜的赞美流淌入他人的生活中，那么彼此对生活的积极性就会增强。

夸人要夸到点子上

把话说在点子上，往往能收到意想不到的效果，而夸人夸到在点子上，更会令对方喜出望外。

赞美是人们生活中不可或缺的生活调味剂，有了它，人与人之间的距离则会变得越来越近。如果要消除两人间的隔阂，真心地赞美对方是你最理想的方法。

但如果我们的赞美没有针对性，没有赞美到点子上，那么很可能会引起对方的厌恶。

当你与年老的长者交谈时，可以多称赞他引以为豪的过去，因为老年人一般都希望别人能够记住他当年的业绩和往日的雄风。当你与年轻人交谈时，不妨语气稍为夸张地赞扬他的创造才能和开拓精神，并举出几点实例证明他的确能够前程似锦。当你与商人交谈时，可以称赞他头脑灵活，生财有道。当你与知识分子交谈时，可以称赞他知识渊博、宁静淡泊。当然，这一切要依据事实，切不可虚夸。

因为恭维过度，会让人觉得你是在阿谀奉承、溜须拍马。

所以，在赞美别人时一定要善于寻找对方最希望被人赞美的地方。

云莉从升入大学的第一天，就被同学们评为"班花"。云莉自己也知道，从小到大她听到的称赞最多的就是关于她漂亮的外表，对于这样的赞美，云莉感觉有点儿"疲劳"了。其实在她内心深处最希望听到别人说她"有才华，将来肯定会有所成就"。云莉的男朋友就是靠着别具一格的赞美才赢得了她的芳心。"在我身上，他总能发现别人发现不了的优点。"云莉开心地说。

由此可见，赞美就得"赞"到点子上。这样的赞美才不会给人虚假和牵强的感觉，这样的赞美往往会使对方听来十分亲切真实，使对方产生一种遇到知音的感觉，从而增进友谊，缩短彼此间的距离。

好心情原理

——说话时机重于说话内容

　　心理学中有一个重要现象：人心情好的时候，觉得什么都好，以前看不惯的事也觉得可以容忍了。这一现象我们称之为好心情原理。这一原理在口才中的运用便是，在别人心情好的时候请求帮助，很可能会让你如愿以偿。

会听话，更要会适时说话

　　在工作中，常常会看到这样的下属，他们从不主动和领导交谈，只是在领导安排工作时和领导说两句，这样的人虽然都能够很好地完成工作，但是他们可能并不受领导的重视。

　　下属在与领导沟通时，成为良好的倾听者是十分重要的，但是更重要的是学会在合适的时机说话，因为领导需要的不是自言自语，而是和人交流，他们想要听到下属的反馈和建议。

　　所以作为下属，我们除了要随时倾听领导的话之外，更要在领导需要时适时地说话，这样才能得到领导的信任。

安陵君是战国时期一个非常受楚王宠爱的大臣，他位高权重，享尽了荣华富贵，其他的大臣无不对他敬佩有加，对此安陵君感到十分的高兴，但是他的朋友江乙却觉得安陵君现在虽然享受着荣华富贵，但是这些都是楚王给予他的，所以安陵君必须巩固住自己在楚王心中的地位，否则要是有一天楚王不再宠爱他了，那么他就什么都没有了。于是江乙对安陵君说："您看，虽然现在您待遇优厚，国人都对您跪拜行礼，听从您的号令，但是这些都是楚王给您的，我们都知道酒肉朋友不可信，以色事人者不能长久。同样地，楚王总有不再宠爱您的时候，那时您要怎么办呢？"

听了江乙的话，安陵君也想到了自己的地位可能有所不保，于是他请教江乙该怎么办。江乙告诉他说：只要告诉大王您愿意和他同生共死就可以了。安陵君欣然接受了江乙的意见，但是过了三年的时间，安陵君并没有向楚王进言。江乙感到十分不高兴，他质问安陵君是不是不相信他说的话，安陵君解释说不是他不相信江乙，而是说话的时机还没有到。

就这样又过了一段时间，这一天楚王带着众大臣到云梦泽去打猎，期间一头野牛冲着楚王狂奔而来，结果被楚王一箭射死了，对于楚王精准的剑法，随侍的大臣和护卫们都齐声称赞，一时间整个云梦泽都掌声雷动。

楚王自己也十分高兴，他感叹地说："今天的游猎让我非常的愉快啊，但是等到我死去后，谁还能和我一起享受像今天这样的快乐呢？"

群臣一时不知该如何应对，安陵君知道他说话的时机到来了，于是他痛哭流涕地来到楚王的面前说："大王一直厚待我，大王允许我和您坐在一起，和您乘坐同一辆马车，大王对我的恩惠太多了，等到大王去世之后，我愿意和大王一起奔赴黄泉，为大王鞍前马后在所不惜！"

听了安陵君的话，楚王感动不已，他立即封赏了安陵君，从此安陵君的地位再无人能撼动了。

世人在谈论这件事时都对江乙的才智大加赞赏，但是更加钦佩的是安陵君把握时机的能力。

孔子在《论语·季氏》里说："言未及之而言谓之躁，言及之而不言谓之隐，不见颜色而言谓之瞽。"这句话的意思是：不该说话的时候说了，叫作急躁；应该说话的时候却不说，叫作隐瞒；不看对方的脸色变化，贸然信口开河，叫作闭着眼睛瞎说。

这三种毛病都是没有把握说话的时机，没有注意说话的策略和技巧。因为说话是双方的交流，不是一个人的单方面行为，它要受到诸如说话对象、设定时间、周边环境等种种限制，所以说话要把握时机。如果该说的时候不说，时机转瞬即逝，很快便会失去成功的机会。同样地，如果不顾说话对象的心态，不注意周边的环境气氛，不到说话的火候却急于抢着说，很可能引起对方的误解甚至反感。如果信口开河，乱说一通，后果就更加严重。

作为下属除了具备才能，善于听领导的话之外，更要具有能够在适当的时机说话的能力。有些事情虽然我们想要和领导说，但是我们首先要做好和领导谈话的准备，把所有领导可能提出的问题都列出来，不要在和领导交谈时语意不明、表述不清或者逻辑混乱。

然后要了解领导的性格爱好，用自己真诚的态度去打动领导。

当时机成熟时，不要犹豫，一定要及时和领导沟通，不要错失良机。这时我们要记住，不要在领导面前夸夸其谈、弄虚作假。同时，当领导的观点和自己的想法相冲突时，不要正面和领导冲撞，要学会用委婉的方式表达自己的意愿，避免在交谈中得意忘形。

还要记得不要因为害怕承担责任而在和领导交谈时总是强调某些事情和自己无关，这会让领导觉得你是一个没有担当的人，这些言语会招来领导的反感和厌恶。

在工作中，我们不但要做到该听的时候听，还要做到该说的时候说，只有这样我们才能得到领导的信任，在事业上更上一层楼。

看准对方情绪，把握时机说对话

我们去商店买东西时会观察到营业员的推销方法。好的营业员不是一开始对谁都热情，他会找准你对商品已经表现出喜爱之情的时候适时向你推销。例如"这件衣服跟您的蓝色裙子很搭配，您穿上更显得皮肤白皙了"。这时候心花怒放的顾客多半会爽快地买下商品。

同样地，和领导说话时，下属的身份无异于商品推销员，只不过我们向领导推销的是我们的想法和理念。看准领导的情绪再适时说话，是向领导成功推销的主要秘诀之一。

刚毕业的高明怀着满腔热忱进入了现在的公司，他不仅天生好学，而且作为新人热情高涨，想尽快在工作中做出一番成绩，所以他每天都向领导请教，不仅请教自己的项目组长，而且常常直接去问部门经理。大家看见这个新人如此肯上进，都愿意毫无保留地教给他各种工作技巧。

这一天，项目组长张大姐正在上小学的儿子病了，接到班主任的电话，张大姐急坏了，跟领导请了假正收拾背包打算去学校接儿子去医院。碰巧高明有一张图纸看不懂，而这张图纸是张大姐画的，一定要请教她才行。

高明赶紧拦住了行色匆匆的张大姐："张姐，这个图例是什么意思啊，我半天都没看懂。"

张大姐头也没顾得上抬，说："小高，我得赶紧去孩子学校一趟，等我回来告诉你啊。"

高明却仿佛没看出来张大姐着急的样子，仍旧紧跟了上去："不行啊，您看这都3点了，等您回来都下班了，就一个小图例，您就现在告诉我吧。"

"你这孩子，真是的！"张大姐丢下这一句话，头也不回地走了。

高明还摸不着头脑。这时他决定直接去问经理，走到经理办公室门口却正好听见经理在发火："这么简单的一个报告，居然有6处错误，还有一个错别字，你的4年大学就是这样读的吗！"随后看见一位女同事脸色难看地抱着文件走出来。

高明紧跟着就进去了，把图纸往经理办公桌上一摊，指着图纸问："经理您看，这个图例是什么意思？"

正在气头上的经理没好气地说："学校制图课没学过吗，回去看教材！"

不明所以的高明只好灰溜溜地出来了，他问坐在身边的一位老同事："今天领导们都是怎么了？"

老同事意味深长地说："小高，先放下手中的图纸，好好学习一下怎么选择合适的时间跟领导说话吧。"

高明之所以接连在两位领导那里碰了钉子，原因就在于他没有找准说话的时机，说的又都是当时领导不想听的话。我们可以想象，在张大姐那里，接孩子看病比教高明看图纸重要而且紧急；在经理那里，正为错误百出的报告发火的领导当然也没有心情指导高明图例的小问题，况且上一位挨批评的同事刚刚被经理认为在学校没有好好学习，高明无论如何不应该拿着书本上最基础的问题去问经理，正可谓是撞在枪口上了。

那么我们如何才能找准合适的时机和领导说话，做一名识趣的下属呢？

首先，在说话之前，要注意观察领导。正常情况下，领导的脸色既不会太阴沉也不会太高兴，而是面色平静，正在有条不紊地做自己的工作。同时还要注意观察环境，看是否有客人在领导的办公室里，是否有紧急情况正需要领导去处理，要先确定当时领导有时间、有精力和你谈话后再敲门进入领导的办公室。

其次，如果进入领导办公室后才发现领导情绪不好时，也不需要急于退出来。可以先给领导倒一杯茶，如果是平日里关系不错的领导还可以适当安慰几句。如得知了领导情绪不好的原因，可以尽量帮助领导解决问题。

当然，揣摩领导情绪，找准时机，挑领导感兴趣的事情说话，并不等同于整天察言观色、逢迎拍马，而是要掌握一种工作中和领导交往的方法，看准领导情绪，把握好时机说对话。

话不投机，赶紧转弯

下属在与领导谈话时，由于话题的不定性，很有可能从一个话题又转入另一个话题。谁也不会想到，谈着谈着，就与当时的气氛格格不入，这时也应及时"转弯"。即出现和领导话不投机的情况时，要学会及时转换话题，避免双方陷入尴尬之中。

话不投机有多种情况，在和领导沟通时尤其要注意这些情况，及早预防，以便保证和领导的沟通能顺畅地进行下去。

其一，某种言谈举止使领导感到为难，那就要及时转换话题，协调气氛。

两个下属去领导家里做客，在谈话中提道：

"经理，听说您的夫人是位优秀的职业培训师，改天让她去给我们公司开一场职业培训讲座吧？"

经理为难地沉默了片刻，说："那是我以前的爱人，前不久分手了。"

"哦？对不起，经理……"

"没什么，喝点水吧。"

"经理，我们公司这回的活动，您看这样宣传……"

这样转换话题，特别是提出领导很愿意谈的话题，就会使谈话很快恢复正常，使气氛活跃起来。

其二是和领导意见对立谈不拢，但问题还要解决，不能回避，这种话不投机的情况就需要绕路引导。

其三是在说话过程中，当领导有意无意地触到我们心中的隐私、忌讳或者自己不愿回答的问题时，如果一时没有好办法应答，那么就干脆避而不答，或者沉默不语；或者转移话题，使在场者的注意力从自己身上挪开。当领导见你对其问题不予回答，在尴尬的同时会很快意识到自己的失言，从而不再追问。

　　某单位一女领导结婚，在单位散发喜糖，刚巧该单位有一位尚未谈到对象的大龄女下属。大家吃着糖，突然这位女领导笑着对那位女下属说："喂，什么时候吃你的喜糖？"大家都望着那位女下属。那位女下属脸微微一红，把眼光停留在女领导的身上，然后指着那位女领导身上的一件款式新颖的上衣问："咦？领导，您这件上衣真好看，什么时候买的？在哪个商店买的？"

　　女领导被她转换了话题，两个人便兴致勃勃地谈起了那件衣服。

　　面对不愿回答的问题，这位女下属很聪明地把话题转移到领导的衣服上，借以回避对方询问的私人问题。女领导听到下属这样的回答，自然知道她不愿意当众说这件事情，因而也就不会再往下问了。

　　和领导说话出现话不投机的情况，有的时候是由领导造成的，有的时候是自己造成的，但无论起因于谁，你都应该主动转移话题，使双方快速从尴尬中摆脱出来，这样才能保证你和领导之间的沟通得以继续进行下去。

切合时机，说出恰当的话

　　子禽曾经向墨子请教："多说话有好处吗？"墨子答道："蛤蟆、青蛙，白天黑夜叫个不停，叫得口干舌疲，可是没有人去听它的。你看那雄鸡，在黎明按时啼叫，天下震动，人们早早起身。多说话有什么好处呢？重要的是话要说得切合时机。"

墨子告诫我们，多说无益，重要的是说话要切合时机。

"多言何益，唯其言者之时也。"与领导说话尤其要注意这一点。通常情况下，领导不会直接说出自己的意图，但又十分希望自己的下属能够认清形势场合的变化，通过对形势的判断理解他隐含的意图，说出他想听的话。

因此，作为一个聪明的下属，要领悟领导的做事方法与技巧，在具体事务中通过察言观色猜测领导的意图，选择在合适的时机说出适宜的话。

大明房地产公司在市郊投资了一块地皮，正准备建造一批商品房，由于刚交付了一大笔土地使用费，再加上各种手续的费用，公司流动资金便有些紧张。小道消息传出后，承包商怕投资的钱打水漂，纷纷来公司索要欠款。

这一天，建筑承包商王某来公司见老板，希望把上期的60万欠款结清。老板很为难，他知道，欠债还钱，天经地义，公司也有能力拿出60万还款。但是最近用钱的地方太多了，虽然给他60万不多，如果别的地方再用钱就比较紧张了。而且二期工程马上要开工，公司还希望继续做工程。不过假如一分钱不还的话，其他承包商肯定人心惶惶，公司的损失不可预计，但这又不便直接向承包商全部透露。

于是，老板将公司会计小刘叫进来，问："目前公司账上还有多少钱？看看有没有60万余款拿出给王总。"

小刘心里知道，老板不可能对公司的账目一无所知，叫自己进来是因为承包商要账，其实老板既不想让承包商以为自己的财务紧张，又不想把所有的还款放出去。

小刘考虑了一下工程的进度和财务的进账出账，说："老板，目前账上还有几百万元的资金，但是土地开发的费用在今天下午需要交到土地管理局，另外还需要上交税务款，今天只能拿出 30 万现款，不过，等下期工程完成后，房子卖出去，就会有一笔款入账。"

老板听完后很不好意思地跟王某说："王总，您一向了解，开工前公司的资金总是流转不开，小刘会计的话您听到了，这样，今天先还给您 30 万，等工程完工，肯定少不了您的钱，行吗？"

王某想想，情况确实也是，并且欠款已经拿到一半，便也无话可说，告辞离开。老板因为借会计小刘之语顺利解决困难，达到了自己的目的，等承包商走后，老板对小刘的随机应变称赞有加。

在上面的例子中，如果小刘直接说有几百万流动资金，可以给承包商结清欠款，那么老板就难做了。即使结清了，后期资金也很容易出现问题。如果不结清，承包商肯定更不会罢休。小刘正是通过察言观色，明白领导的心思，顺应老板的意图，说出了领导想说的话。

其实，小刘面临的情况在公司里时常会有发生，这个时候，作为下属的你如若能和领导很默契地配合，为其排忧解难，相信会赢得领导的信任和赞赏。

和领导说话讲究的是一个时机的问题。俗话说，天时不如地利，地利不如人和。说话做事的时机对于成败的结果往往起关键的影响作用，当你切入的时机成熟，可能会事半功倍。如果时机不成熟或时机不对，往往不会有效果，更有甚者，则会收到与预期相反的效果。

缄默效应

——学会把话语权交给对方

当我们与他人发生争执时，我们无谓的解释、反驳可能使对方停止陈述，但这可能只是表面的屈服或因言辞不力而被迫停止激烈的论述，对某事保持暂时的"缄默"，而对方内心中却可能充满对立的情绪，我们因此而难以获得对方发出的真实信号、信息。相反，如果我们保持安静，则使对方心情放松，充分发表真实的意见、看法，这在心理学上被称为"缄默效应"。与人交流时，如果我们能保持安静，不插话、不反驳，待对方述说完全结束后再进行解说、论述，则可以获得更多准确的信息而无须自行猜测或妄断对方的想法。同时，也避免我们因采用语言或某种强迫手段使对方中止表述，给对方留下不好的印象。

与人交流，我们必须学会倾听，通过积极地倾听并掌握对方语言中的关键信息、获知对方的真实想法，并适时地给予对方尊重。我们可以按照心理学技巧训练自己的倾听能力，提高自己在人际交往中的倾听技能。

把说话的权利留给别人

我们也许有过这样的经历：和别人聊起一个对方很感兴趣的话题时，对方开始打开话匣子，没完没了地说，一开始，自己还觉得很投机，后来就开始不耐烦，接着是厌烦。原因是什么？很简单，对方只顾自己说，而忽略了你。谁都不乐意一味地听别人说话，所以，与人交谈时，即使是一个很好的题材，对方很感兴趣，说话时也要适可而止，不可无休无止，说个没完，否则会令人厌倦。说一个题材之后，应当停一下，让别人发言，若对方没有说话的意思，而整个局面由于你的发言而人心向你，这个时候仍必须由你来支持局面，那么，就必须要另找题材，如此才能引起大家的兴趣并维持生动活泼的气氛。

在谈话当中，对方的发言机会虽为你所控制，但是，在说话过程中，应容许别人说话，给别人说话的机会。更好的方法是找机会诱导别人说话，这样气氛更浓，大家的兴致更高，朋友之间也更融洽。当说到某一节时可征求别人对该问题的看法，或在某种情形时请他试述自己的见解，总之，务必使对方不致一味听着，才不失为一个善于说话的人，不失为一个明智的人。如果话题转了两三次，而别人仍无将话题接过去的意思，或没有主动发言的能力，应该设法在适当的时候把谈话结束。即使你精神好，也应该让别人休息。自己包办大半发言的机会，是不得已时才偶尔为之的方法。千万不要以为别人爱听你说话，就不管别人的兴趣而随便说下去，这背离了说话艺术之道。

在社交上，最好的谈话是有别人的话在里面。有时会有那种看来不爱说也不爱听的人，常常坐在一个角落里，当他偶然听见另外一些人哄然大笑时，也照例跟着一笑，但是那种笑容随即就收敛了，他的眼光已经移到窗外或者其他的目标上。面对这类人，只要你知其症结所在，你便可以在几句谈话中探得他的学问兴趣，然后和他谈论下去，这样便很自然引起谈话内容。只要你恰当地提一些问题，就可以得到一个增长你学识的机会。他见你谈吐不俗，一定会引你为知己，如此一来，僵局就打开了。年纪较大或较小的一类，因年龄差距大，社会经历、生活经验不同，因而兴趣不同，趣味也无法相投。所以可以采用上述方法来打开话题。

做个倾听高手

在日常生活中，能聆听别人意见的人，必是一个富有思想，有缜密的思维和谦虚性格的人。这种人在人群中，起初也许不太引人注意，但最后必是最受人敬重的。因为他虚心，所以受所有人欢迎；因为他善于思考，所以便为众人所敬仰。

怎么去做一位"听话"的高手呢？

首先是要"专注"。别人和你谈话的时候，你的眼睛要注视着他，无论他的地位和身份比你高或是低，你都必须这样做。只有虚浮、缺乏勇气或态度傲慢的人才不去正视别人。

其次，别人和你说话时，不可做一些与此无关的事情，这是不恭敬的表现。而且当他偶然问你一些问题，你就会因为不留心听他所说的话而无从回答了。

聆听别人的话时，偶尔插上一两句赞同的话是很好的，不完全明白时加上一个问号也是非常必要的，因为这正表示你对他的话留心了。

但是，你不可以把发言的机会抢过来，就滔滔不绝地说自己的，除非对方的话已告一段落，该轮到你说话时才可以这样做。

无论他人说什么，你不可傲慢地纠正他的错误，如果因此而引起对方的反感，那你就不可能成为一个良好的听众了。批评或提出不同意见也要讲究时机和态度，否则，好事会变成坏事。

有些人常喜欢把一件已经对你说过好几次的事情重复地说，也有些人会把一个说了好多次的笑话还当新鲜的东西。

你作为一位听众，此时要练习忍耐的美德了。你不能对他说"这话你已经说过多次了"，这样会伤害他的自尊心，你唯一能做的事是耐心地听下去，心里明白他可能是一个记忆力不好的人。而且他对你说话时充满了好感和诚意，你应该同样用诚意来接受他的诚意。

但如果说话的人滔滔不绝而你又毫无兴趣，觉得花时间和精力去应酬他是十分不值得的。这时，你应该用更好的方法，使他停止这乏味的话，但千万要注意，不可伤害他的自尊心。

最好的方法是巧妙地引他谈第二个话题，尤其是一些他内行而你又感兴趣的话题。

为了让自己更会"听话"，最好还要做好以下5个方面的训练：

（1）训练"听话"时的注意力。想听得准确，必须排除干扰。可以用这样的方法来训练：同时打开两台以上的收音机，播放不同内容，然后复述各个收音机播放的内容。

（2）训练"听话"时的理解力。可用这样的方法：找朋友闲聊，但要有意识地锻炼自己的理解力。

（3）训练"听话"时的记忆力。就是学会边听边归纳内容要点，记住关键性词语，以及重要的事实和数据。

（4）训练"听话"时的辨析力。即迅速分辨出争论各方的不同观点和逻辑关系，并加以评析。

（5）训练"听话"时的灵敏力。即能很好地在各种场合与各种对象交谈。经过足够的训练，再加以实际锻炼，你一定会成为一名"听话高手"。

时机未到时就得保持沉默

哲学家说，沉默是一种成熟；思想家说，沉默是一种美德；教育家说，沉默是一种智慧；艺术家说，沉默是一种魅力。我们知道，在人际交往当中，沉默是一种难得的心理素质和可贵的处世之道，当然，任何事情又都不是绝对的。

心理学告诉我们，在不同的场合环境中，人们对他人的话语有不同的感受、理解，并表现出不同的心理承受力。正因为受特殊场合心理的制约，有些话在某些特定环境中说比较好，但有些话说出来未必好。同样的一句话，在此说与在彼说的效果就不一样。因此，说什么、怎么说，一定要顾及说话的环境，如果环境不相宜，时机未到，最好的办法是保持沉默。

一次，日本公司同美国公司正进行一场贸易谈判。

谈判一开始，美方代表滔滔不绝地向日方介绍情况，而日方代表则一言不发，埋头记录。

美方代表讲完后，征求日方代表的意见。日方代表恍若大梦初醒一般，说道："我们完全不明白，请允许我们回去研究一下。"

于是，第一轮会谈结束。

几星期后，日本公司换了另一个代表团，谈判桌上日本新的代表团申明自己不了解情况。

美方代表没有办法，只好再次给他们介绍了一遍。

谁知，讲完后日本代表的态度仍然不明朗，仍是要求道："我们完全不明白，请允许我们回去研究一下。"

于是，第二轮会谈又告休会。

过了几个星期后，日方再派代表团，在谈判桌上故伎重演。唯一不同的是，这次，他们告诉美方代表一旦有讨论结果立即通知美方。

一晃半年过去，美方没有接到通知，认为日方缺乏诚意。就在此事几乎不了了之之际，日本人突然派了一个由董事长亲率的代表团飞抵美国开始谈判，抛出最后方案，以迅雷不及掩耳之势让美方加快谈判进程，使人措手不及。

最后，谈判达成一项明显有利于日方的协议。

这场谈判成功的关键在于一句俗话"会说的不如会听的"，听出门道再开口，有利于达成目的。

在生活中，有人推崇一种"大智若愚型"的艺术——即在商业活动中多听、少说甚至不说，显示出一种"迟钝"。其实这样做的目的是为了获得最大的利益。少开口，不做无谓的争论；反之，你可以探测对方动机，逐步掌握主动权。

这时候的沉默，实际是"火力侦察"。

"言多必失，语多伤人""君子三缄其口"的古训，把缄口不言奉作练达的安身处世之道。今天，我们亦应谨记这些古训，该沉默时一定要三缄其口。沉默，是一种态度；沉默，是一种特殊语言；沉默，也会赢得百万金。

受到攻击时，沉默是最好的方法

雄辩如银，沉默是金。在我们的生活中，有些时候确实是沉默胜于雄辩。与得体的语言一样，恰到好处的沉默也是一种语言艺术，运用好了常会收到"此时无声胜有声"的效果。

假如我们在生活中遇到个别强词夺理，无理辩三分或者出言不逊，恶语伤人的人，与之争辩或是反唇相讥，往往只能招来他们变本加厉的胡搅蛮缠。对付这种人的最好办法往往不是以眼还眼、以牙还牙，而是保持沉默。这种无言的回敬常使他们理屈词穷，无地自容，正如鲁迅先生所说：沉默是最好的反抗。

国外某名牌大学，曾发生过老师和校长反目的情形，该校校长遭到许多老师的围攻。当时，也有一群学生冲进校长的研究室，对他提出各种质问。但是，无论教师说什么，这位校长始终不开口，双方僵持了几个小时后，教师们终于无可奈何地走了。

这位校长保持沉默，实际上也是一种反抗，同时又给对方一种高深莫测的感觉，从而造成心理上的压迫感。由此看来，"沉默是金"确有一定道理。

当对方出于不良动机，对你进行人身攻击，并且造谣诽谤时，如果予以辩驳反击，又难以分清是非，这时运用沉默便可显示出锐利的锋芒。你只需坚持正义、沉默以对，就足以把对方置于尴尬的境地。

某单位有两个采购员，田宁因超额完成任务而受奖，郑伟却因没尽力而被罚。但郑伟没认识到自己的问题，反而说三道四。在一次公众场合，他含沙射影地说："哼，不光彩的奖励白给我也不要！"

田宁明白这是在骂自己，不免怒火顿升，本想把话顶回去，可是转念一想，如果和他争吵，对方肯定会胡搅蛮缠，反而助长其气焰。于是他强压怒火，对着郑伟轻蔑地冷笑一声，以不值一驳的神色摇了摇头，转身离去，把郑伟晾在一边。

郑伟的脸红一阵白一阵的，窘极了。

众人也哄笑道："没有完成任务还咬什么人，没劲！"至此，郑伟已经无地自容。

在这里，田宁的轻蔑性沉默产生的批驳力比之用语言反驳，显得更为有力、得体，更能穿心透骨。这也许是对付无理挑衅的最有效的反击武器。

有些人在遇到麻烦的时候，常常喋喋不休、唠叨不止，殊不知这样正好暴露了自己的弱点。处在尴尬情况下，与其聒噪不停，甚至说错话，倒不如保持沉默。

沉默像乐曲中的休止符，它不仅是声音上的空白，更是内容的延伸与升华。它是一种无声的特殊语言，是一种不用动口的口才。

恰当运用沉默的方式

在特定的环境中，沉默常常比论理更有说服力。我们说服人时，最头痛的是对方什么也不说。反过来，如果劝者保持沉默什么也不说，被劝者的抱怨或无知就找不到市场了。

不同的沉默方式有不同的作用，运用时必须恰到好处。

1. 不理不睬的沉默可让人摆脱无聊的纠缠

当你正为自己的事情忙得不可开交的时候，同事却不知趣地想跟你闲聊，或者有推销员赖着不走，或者有人找你去做你不想做的事情。这时，你应尽可能对他们一言不发，不理不睬。过一会儿，他们见你无反应，定会知趣地悻悻走开。

2.冷漠的沉默能使犯错误者认错改正

有一个小学生，一天他拿了同学一件好玩的玩具，晚饭前回来，装出一副若无其事的样子，同往常一样笑吟吟地说："妈妈，我回来了！""姐，我饿了。""怎么了？"沉默。"我没做错事啊！"还是沉默。妈妈眼睛瞪着他，姐姐背对着他，全家都冷冰冰地对待他。他终于不攻自破了："妈、姐，我错了……"

3.毫无表情的沉默能让人深思

有些人发表意见时态度很积极，但不免有些偏颇，令人难以接受，若直截了当地驳回，易挫伤其积极性，若循循诱导又费时，精力也不允许，最好的办法便是毫无表情的沉默。他说什么，你尽管听，"嗯""啊"……什么也不说，等他说够了，告辞时，再用适当的不带任何观点的中性词和他告别："好吧！"或"你再想想。"别的什么也不用说。这样，他回去后定然要竭思尽虑：今天谈得对不对？对方为什么不表态？错在哪里？也许他会向别人请教，或许自己就会悟出原因。

4.转移话题的沉默能使人乐而忘求

对要回答的问题保持沉默，而选准时机谈大家都喜欢的热门话题，使对方无法插入自己的话题，此人就会从谈话中悟出道理，检讨自己。

5.信心坚定的沉默能使人信服

某领导有一次交代属下办一件较困难的任务，当然，他能胜任。交代之后，对方讲起了"价钱"。于是该领导义无反顾地保持沉默，连哼也不哼。"困难如何大……""条件如何差……""时间如何紧……"，说着说着他就不说了。最后说了一句："好，我一定完成。"

沉默是金，有时沉默不语能够出奇制胜，有时滔滔不绝，反而有理说不清。

好口才离不开心理学

妙语寒暄，寻找共鸣沟通

沟通要有情感共鸣点

沟通中，要想使得场面更和谐，就一定要找到对方感情的突破口，只有情感上有了共鸣，交流才能继续进行下去。

日常交往并不是总在熟人间进行，有时你甚至要闯入陌生人的领地。当进入一个陌生的家庭、环境时，要迅速打开局面，首先要寻找理想的突破口。有了突破口，便可以以点带面或由此及彼地发挥开来，从而实现让对方在感情上接受你的效果。

纽约某大银行的乔·理特奉上司指示，秘密进入某家公司进行信用调查。正巧理特认识另一家大企业公司的董事长，这位董事长很清楚该公司的行政情形，理特便亲自登门拜访。

当他进入董事长室，才坐定不久，女秘书便从门口探头对董事长说：

"很抱歉，今天我没有邮票拿给您。"

"我那 12 岁的儿子正在收集邮票，所以……"董事长不好意思地向理特解释。

接着理特便开门见山地说明来意，可是董事长却含糊其辞，一直不愿做正面回答。理特见此情景，只好离去，没得到一点儿收获。

不久，理特突然想起那位女秘书向董事长说的话，同时也想到他服务的银行国外科每天都有许多来自世界各地的信件，那上面有各国的邮票。

第二天下午，理特又去找那位董事长，告诉他是专程替他儿子送邮票来的。董事长热诚地欢迎了他。理特把邮票交给他，他面露微笑，双手接过邮票，就像得到稀世珍宝似的自言自语："我儿子一定会高兴得不得了。啊！多有价值！"

董事长和理特谈了 40 分钟有关集邮的事情，又让理特看他儿子的照片。之后，没等理特开口，他就自动说出了理特要知道的内幕消息，足足说了一个钟头。他不但把所知道的消息都告诉了理特，又召来部下询问，还打电话请教朋友。理特没想到区区几十张邮票竟让他圆满地完成了任务。

人常说：要让一个母亲开心，那就去赞扬她的孩子。找到情感共鸣，沟通自然会顺畅。

得体的客套礼貌周到

客套，包含着客气、谦卑，处处显示出对别人的尊重；客套，还显示出你的平和与内敛。

客套是语言艺术中的一种。我们往往在教育孩子的时候会说"见了大人要打招呼，借了同学的橡皮要说谢谢，不小心碰倒了人家要说对不起"等，这是最基础的礼貌教育。

客套的书面文字是那么的枯涩、乏味，但是变成语言之后，却是那么的悦耳和动听。

一次，李女士去看重病中的好朋友，看到对方非常痛苦的样子，她没有说一句话。她没有说话是因为当时有许多的顾虑：说客套话吧，不能表达自己的心情；不说话吧，又被认为冷眼旁观。她太内向了。

这种"内向"要比虚情假意和口蜜腹剑的做法诚实得多。但是，由于不能充分地表达自己的内心，在他人看来一切都等于零。一个人如果连一句最普通的客套话都不会说，探望病人的时候，连一句"没事吗"都说不出口，这种人会给人一种冷酷的感觉。

所以，生活中要学会说客套话，用自己的语言表达出自己的感情，比如"没事吗"这句话，你并不是只把字面的含义说给对方，这里面，你可以加进去自己的真实感情，比如"有什么我能帮你的？""我看到你难受的样子非常难过！""没事吗？好了之后，我们一起去打保龄球。"这样，更有益于促进彼此之间的关系。

客套不是低声下气，是尊重；客套不是虚伪，是礼貌。

生活、工作，哪一样都需要语言作为纽带。人要衣装，佛要金装，语言也要靠包装。语言的魅力，在于使人心悦诚服，语言的运用，在于修养气度。

会客套的人，说出来的话叫人喜欢听、愿意听，别人也会欣然接受；不会客套的人，常常面临许多的尴尬，造成许多的误解，出现人际关系的障碍，导致自己的人脉越来越窄。

有的人说，客套多，朋友多；朋友多，好事多。这句话一点都不假。因为客套和寒暄可以帮助你认识很多朋友，缩短人与人之间的距离，从而促成两人的交往。

在生活当中，我们往往会听到如"谢谢您""多谢关照""劳驾""拜托"之类的客套话。这样的客套话可以向别人表示感谢，能沟通人与人的心灵，建立融洽的人际关系。在求人做事以后，应真诚地说一声"谢谢"。如果你不说一声"谢谢"，只把感激之情埋在心底，对方会有一种不快的感觉，他的劳动没有得到肯定，或认为你不懂礼貌，今后也不会再帮助你。同样，在打搅别人，给别人添麻烦时能真诚地说一声"对不起"，对方的气就会减少一半。所以，在人际关交往、求人办事的过程中，我们千万不要忽视客套的作用。

许多时候，客套就是表现出对对方的尊重、礼节和谦虚，比如有人做报告或讲话，总会说"我资质不高，研究不够，恐怕讲不好"，或者是"我讲得不好，请大家批评指正"。诸如此类的客套话，看起来是随口而出，实际上起着表达讲话者谦恭愿望的作用。

客套必须要自然，要真诚，言必由衷，富有艺术性。

小王是上海某大饭店里的服务员。著名美籍华裔舞蹈家孟先生第一次到该饭店，小王向他微笑致意："您好！欢迎您光临我们酒店。"第二次来店，小王认出他来，边行礼边说："孟先生，欢迎您再次到来，我们经理有安排，请上楼。"随即陪同孟先生上了楼。时隔数日，当孟先生第三次踏入酒店时，小王脱口而出："欢迎您又一次光临。"孟先生十分高兴地称赞小王："不呆板，不制式。"

小王之所以会受如此表扬，在于他并不是鹦鹉学舌，见客只会一声"欢迎光临"，而能根据交际情境的变化运用不同的方法，表现出他对工作的热爱和说话的艺术。

"人有礼则安，无礼则危。故曰，礼者不可不学也。"可见，人类从很早以前就开始呼唤礼仪，呼唤文明。有的人总是说，礼仪中的寒暄是人际交往的废话，其实这句话是不正确的。

在人际交往中往往少不了客套，客套会使我们彼此之间的关系更加和谐。要把"谢谢、对不起、请"常挂嘴上。请人办事，说一声"劳驾"，送客临别，讲一句"慢走"。这些都能显示出你礼貌周到、谈吐文雅。擅长外交的人们像精通交通规则一般精于客套，得体的客套同我们美好的仪容一样，是永久的荐书。以下是总结出的一些日常生活中常用的客套话：

初次见面说"久仰"，好久不见说"久违"。

请人评论说"指教"，求人原谅说"包涵"。

求人帮忙说"劳驾"，求给方便说"借光"。

麻烦别人说"打扰"，向人祝贺说"恭喜"。

请人改稿称"斧正"，请人指点用"赐教"。

求人解答用"请问"，赞人见解用"高见"。

看望别人用"拜访"，拖人办事用"拜托"。

宾客来到用"光临"，送客出门称"慢走"。

招待远客称"洗尘"，陪伴朋友用"奉陪"。

请人勿送用"留步"，欢迎购买叫"光顾"。

与客作别称"再见"，归还原物叫"奉还"。

对方来信叫"慧书"，老人年龄叫"高寿"。

得体的"致谢"会更加温暖对方的心窝，也能使你的语言更加充满魅力。得体的"道歉"是你送给对方的最廉价的礼物，也是调和可能产生紧张关系的一帖灵药……有的人往往容易把应酬、客套、寒暄甚至是聊天这些基础的交往行为看作是虚伪、庸俗和毫无意义的东西，在思想上加以排斥，在行动上加以抵制。这样的人违背了人类的某些本性，在交际上会屡屡受挫，连连吃亏。

客套并不一定是在语言上，一个眼神、一个手势，点一下头，微笑一下，或给对方送些小礼物，凡此种种，都属于客套的范畴。换句话来说，客套是一个比较宽泛的概念，客套是一种礼节，如果客套运用得好，会使你收到意外的惊喜。

日本松下电器公司的松下幸之助是个很讲客套的人。他在交托下属去执行某一件事时，会说："这件事拜托你了。"遇到员工时，他会鞠躬并说"谢谢你""辛苦了"之类的客套话，有时会亲自给员工斟一杯茶，或者送给员工一件小礼物。

就是因为这种客套，员工才毫无怨言地为他尽心竭力。

人类是一种感情的动物，从某种意义上说，人际关系正是出于人类感情交流的需要。客套是温暖的，能加深对方的了解、亲切关系、增加友谊，彼此之间的关系因为客套而发生变化，心理距离也会随之缩短，感情自然有了呼应和共鸣。

在人际交往中，要想使别人怎么对你，你首先就要学会如何对待别人。客套一下，看似平常，可它却能引起人际间的良性互动，成为交际、办事成功的促进剂。

说好皆大欢喜的祝贺话

当亲朋好友遇到大喜事时，我们都会表示祝贺。但倘若我们没有针对性地胡乱祝贺，没有说好祝贺话，那么我们的"热心"换来的很可能就是对方的"白眼"。

祝贺是人们在生活中经常遇到的，是人与人之间交往的一种礼仪。每当我们遇到人生中的大喜事时，如婚姻嫁娶、生儿育女等，亲戚、朋友都会通过某些方式表达祝贺。祝贺时要注意仪表端庄，举止适度，祝词应视对象、场合和内容而定。祝贺送礼要注意三点：

第一，男女之间不可送贴身衣物。

第二，除非对病人，一般不要送药物。

第三，送礼只是表示友情，并不是显示阔气，要量力而行，适可而止。切忌互相攀比，耗财伤情。

从语言表达的形式看，祝贺语可以分为祝词和贺词两大类。祝词是指对尚未实现的活动、事件、功业良好的祝愿和祝福之意，比如某重大工程开幕、某展览会剪彩要致祝词，前辈、师长过生日要致祝寿词，参加酒宴要致祝词，等等。贺词是指对于已经完成的事件、业绩表示庆贺的祝颂，比如毕业典礼上，校长对毕业生致贺词；婚礼上亲朋好友对新郎新娘致辞；对同事、朋友取得重大成就或获得荣誉、奖励致贺喜词，等等。祝贺要注意以下几点：

1. 情景性

祝贺一定要考虑到特定的环境、特定的对象、特定的目的，使之具有明确的针对性，因为祝贺一般是在特定的情景下进行的。

鲁迅有篇散文叫《立论》，讲到这样一个故事：一家人家生了个男孩，合家高兴透顶。满月的时候，抱出来给客人们看，大概自然是想得到一点好兆头。一个说："这孩子将来要发大财的。"于是他得到一番感谢。一个说："这孩子要做大官的。"于是他收回几句恭维。另一个说："这孩子将来是要死的。"于是他得到大家合力的痛打。

　　在这个故事中，这个说孩子将来是要死的人，他的话从理论上来说是没有错误的，可是他的话不适合此种情景。所以惹人厌恶是必然的事情。不顾当时的特定情景，讲不合时宜的话会招人唾弃。

　　祝贺总是针对喜庆之事，因此，不应说不吉利的话，应讲使人快慰的话。

　　2. 情感性

　　祝贺语要达到抒发感情、增进友谊的目的，必须有较强的感染力，因此要求语言富有感情色彩，语气、语调、表情等都要带情感。

　　3. 简括性

　　祝贺语简洁有力，才能产生强烈的感染力。

　　有些祝词、贺词是人们的临时发挥，但必须紧扣中心，点到为止，给听众留有回味的余地。

　　某人主持婚礼。婚礼一开始，主持人上前致辞：

　　我今天接受爱神丘比特的委托，为这对爱人主持婚礼，十分荣幸。新郎新娘交换礼物。新郎为新娘戴上金戒指，新娘送给新郎英纳格手表。黄金虽然贵重，不及新郎新娘金子般的心；英纳格手表虽计时准确，也不及新郎新娘心心相印永记心间。

主持人的即兴贺词，得体而又热情，简洁而明快，博得了阵阵掌声。

4. 礼节性

祝贺词一般需站立发言，称呼要恰当。不要看稿子，双目要根据讲话内容时而致礼于祝贺对象，时而含笑扫视其他听众。要同听者做感情的交流。

面对不同的人用不同的交谈方式

不同的人所关注和喜欢的东西也会不同，面对不同的人，我们要学会说不同的话。只有投其所好，交谈才能引起对方的兴趣，谈话才能持续下去。

与人交谈时，如果想要达到"交谈甚欢"的境界，最常见的方法就是"投其所好"。要知道，如果你能投其所好，说的话就能深入人心。如果反其所好，只会招来对方的厌恶，甚至还会给自己带来麻烦。

每个人都有可能是他兴趣所在领域的专家，激发对方的兴趣，你不仅会获得新知，有时加以利用，还能够逢凶化吉。

与对方能够畅谈的原则，就是能够顺着对方的喜好，投其所好地交谈。心理学家告诉我们，对于不同类型的人要用不同的交谈方式。

1. 人际关系型

如果对方时常提到自己和某个人的关系，或是某个人和另一个人的关系，就代表他对人际关系很有兴趣。如果你让他知道你也懂得人际关系学，那么，他就会很喜欢和你谈下去。

2. 逻辑思维型

如果这个人说话有条理、很利索，而且用词精确，这种人通常喜欢有逻辑性地去思考，谈话滴水不漏。因此在对话时，你不能只是说出自己的感觉，要尽量调动自己的"分析"因子，去分析事物背后的道理。

3. 情感丰富型

当你讨论到对于某个人或某件事情的想法，如果对方说出"这个人好可怜……"之类的话，代表他情感丰富，凡事凭感觉，而且好恶分明。面对这种人，不要谈理论、讲求逻辑分析，他对此可能一点兴趣也没有。

4. 艺术欣赏型

这种人喜欢谈论美术或音乐等话题，你可以和对方讨论最近最热门的商品设计或是音乐表演等，请教对方的意见，不仅让对方有一个表现的机会，你也能从中学到一些知识。

有一位学者曾说过："如果你能和任何人连续谈上10分钟而让对方产生兴趣，那你便是一流的说话高手。"两个陌生人初次见面，如果不能善用机会，投其所好地找出话题，必然不能取得交谈的成功。投其所好，谈论别人感兴趣的事物，会使人感觉受到尊重，同时也是一种深刻了解别人，并与之愉快相处的方式。

尊重别人就是尊重自己

说话一定要给别人留情面，要知道尊重别人就是尊重自己，这样彼此之间才能顺利交流。

有位文化界朋友，每年都会受邀参加某单位的杂志评鉴工作。

这项工作虽然报酬不多，但却是一项荣誉，很多人想参加却找不到门路，也有人只参加一两次，就再也没有机会了。有人问这位文化界人士，为何他能年年有此"殊荣"。他在年届退休，不再参加此项工作后才公开秘诀。

他说，他的专业眼光并不是关键，他的职位也不是重点，他之所以能年年被邀请，是因为他很会尊重别人。

他说，他在公开的评审会议上一定把握一个原则：多称赞、鼓励而少批评。但会议结束之后，他会找来杂志的编辑人员，私底下告诉他们编辑上的缺点。

因此虽然杂志有先后名次，但每个人都保住了自尊。正因为他顾虑到了别人的自尊，因此无论是承办该项业务的人员还是各杂志的编辑人员，都很尊敬他、喜欢他，当然也就每年找他当评审了。

每个人都要自尊。如果你是个对自尊无所谓的人，那么你必定是个不受欢迎的人；如果你是个只顾自己自尊，却不顾别人自尊的人，那么你必定是个要吃亏的人。

年轻人常犯的错误是，自以为有见解，自以为有口才，逮到机会就大发宏论，把别人批评得脸一阵红一阵白，他自己则大呼痛快。如此下去，总有一天会吃到苦头。

事实上，尊重别人并不难，也无关乎道德，互相尊重基本上就是一种互助。

慧语仁心，用沟通消除隔阂

发生冲突时切忌失去理智

人与人之间难免因某种原因产生摩擦，这时，如果把话说得过重，就会使矛盾激化，相反，如果压制自己的情绪，则会让事情平息下来。

日本得过直木奖的作家藤本义一，是位颇为知名的人。

一次，他的女儿超过了晚上回家时限 10 点钟，于 12 点方才带醉而归，开门的藤本夫人自是破口训斥了一顿，之后还说：

"总而言之，你还是得向父亲道个歉。"

顿时，她也清醒了不少，感到似乎大难就要临头了，于是便怯怯地走向父亲的卧房，面色凝重的父亲却只说了句："你这混蛋！"之后便愤然离去，留下了无言的女儿独自在黑暗中。

虽然只是一句话，但却深深刺痛了她的心，晚归之事，自此便不再发生。

为人父母者都有责备孩子的经验，多半也了解孩子可能有的反抗心，所以要他们反省是相当困难的。通常会以一句："你是怎么搞的，我已经说过多少次……"想让他们了解并且反省，此时他们若有反抗的举止，父母又会加一句："你这是什么态度！"然后说教更是没完。

如此愈是责骂，反抗心便愈是高涨，愈是希望他们反省，反愈得不到效果，于是情况就会变得更糟。但藤本义一的这种做法，使他女儿的反抗心根本无从发泄，反而转变为反省的心。

因藤本夫人的一顿训斥，已足够引起女儿的反抗心，但藤本义一却巧妙地将它压抑住，反而使女儿的内心感到十分歉疚。因为父亲的一句"混蛋"，实胜过许多无谓的责骂，她除了感激，实在无话可说。

压制自己的情绪，在遇到愤怒的事情时，切勿失去理智，口不择言。通常有些过头话是在感情激动时脱口而出的。人们为了战胜对手，往往夸大其词，着意渲染，"攻其一点，不及其余"，甚至使用污言秽语。如夫妻吵架时，丈夫在火头上说："我一辈子也不想见到你！"这话显然是气话、过头话，是感情冲动状态下的过激之言。事过之后，冷静下来，又会追悔莫及。所以，在情绪激动时，要特别注意控制，切莫怒不择言，出语伤人。同时，因为双方有矛盾，说话就难免很冲、带刺，如果你也采取同样的态度回击，则积怨更深，最好的办法就是避其锋芒。钢刀砍在石头上，肯定会溅起火星，如果钢刀砍在棉花上，则软而无力。对方一定不会再强硬下去。历史上廉颇与蔺相如"将相和"的故事，告诉我们的就是在与有误解或隔阂的人相处时，应避其锋芒，不要硬碰硬，不说过头话，使用的语气不要咄咄逼人，如果一方能主动示弱，便有利于矛盾的化解。

劝架调解有技巧

不对争执双方做人格上的评价，而强调双方在性格、能力等方面的差异性，在客观上起到褒贬的效果，从而化解争执。人们在吵架的时候，经常为了谁对谁错、谁好谁坏而争执不休，此时直接的褒贬至少会引起一方的不满，甚至伤害其自尊心。因此，劝架者在对一方进行劝解时应该避重就轻，不对双方道德上的孰优孰劣做出判断，而是强调二者在个性、能力上的差异，适当地"褒一方，贬一方"，可使被褒的一方心里得到满足并放弃争执，而又不伤害被贬的一方，使劝解成功。

小陈和小杨是某学校新来的年轻教师，小陈心细，考虑事情周到，小杨性情有些鲁莽，但业务能力较强。一次，两个年轻人发生了争执，小陈说不过小杨，感觉很委屈，跑到校长处诉苦。校长拍拍小陈肩膀说："小陈啊，你脾气好，办事周到，这个大家都清楚，也都很欣赏，可是小杨天生是个躁性子，牛脾气一上来什么都忘了，等脾气过去了就天下太平。你是一个细心人，懂得从团结同事、搞好工作的角度看待问题，你怎么能跟他那暴性子一般见识呢？"一番话说得小陈脸红了起来。

这是一个强调双方差异来解决纠纷的典型例子。校长没有直接批评小杨，而是反复强调小陈脾气好、小杨性格暴躁，这实际上是通过比较两人截然不同的性格来肯定小陈待人办事的方法是正确的，小陈领悟到校长的意思，自然也不会再跟小杨计较。

此外，在褒一方、贬一方时，作为调解纠纷的第三人应记住以下几点，以免褒贬不当而引起当事人的反感，让事情变得更糟。

1. 忌激化矛盾

很多调解纠纷的第三者在"褒一方，贬一方"时，由于方法不当而加剧矛盾，这主要是因为：

第一是强化了当事人本来就不该有的消极情绪，从而火上浇油，扩大了事态；

第二是"惹火烧身"。因方法不当，激怒了当事人，使当事人把全部的不满和怨恨情绪都转移到了第三者身上，第三者成了他的对立面和"出气筒"。

2. 忌急于求成

人们常说，善弈棋者，每每举一而反三。做别人的思想工作好比下棋，也要珍视这"三步棋"的做法，要耐心细致，再三斟酌。如果条件不具备就急于求成，不瞻前顾后，总想一劳永逸，其结果往往是事倍功半，成效甚微，甚至把矛盾激化。

3. 忌高高在上

要克服高高在上，最主要的是应该增强普通人的意识，以普通人的姿态出现在人们面前，彻底改变那种高高在上、唯我独尊、主观武断的作风和指手画脚、发号施令的作风。

还必须注意坚持实事求是的态度，慎用套话，加强对语言表达能力的培养。

4. 忌空洞说教

要避免空洞说教，尤其要从道理上使人信服，思想观点要明确，语言要朴实新颖。三个方面都要下功夫。

5.忌反常批评

必须努力克服以下几种不正确的批评方式：

批而不评式，阿谀奉承式，隔靴搔痒式，褒贬对半式。

以上几种不正确的批评方式，均属于调解纠纷的"败笔"。要想使调解达到转变对方态度、修正对方错误的目的，就应该正确运用批评的武器，切忌简单化和庸俗化。

6.忌不分场合

如果不分场合，信口开河，不管人前人后，指名道姓地对人进行说服，效果往往不佳，搞不好还会出现与当事人的良好动机截然相反的结果。

拿不准的问题不要武断

一般人并不怕听反对自己的意见，不过人人都愿意自己动脑筋去考虑一下各种问题。对于自己未必相信的事情，都愿意多听一听，多看一看，然后再下判断。

为了给别人考虑的余地，你要尽量缓冲你的判断结论。把你的判断限制一下，声明这只是个人的看法，或者是亲眼看到的事实，因为可能别人跟你有不尽相同的经验。

除去极少数的特殊事情外，日常交往中，你最好能避免用类似这样的语句来说明你的看法。如"绝对是这样的""全部是这样的"或者"总是这样的"。你可以说"有些是这样的""有时是这样的"，甚至你可以说"大多数人都是这样的"。

凡是对自己没有亲历或不了解的事实，或存有疑点的问题发表看法时，要注意选择恰当的限制性词语，准确地表达。如说：

"仅从已掌握的情况来看，我认为……""如果情况是这样的话，我认为……""这仅仅是个人的意见，不一定正确……"这些说法都给发言做了必要的限制，不但较为客观，而且随着掌握的新情况的增多，有进一步发表意见，或纠正自己原来看法的余地，较为主动。

有时是因事实尚未搞清，有时是因涉及面广，或者自己不明就里，都不宜说过头话，而应借助委婉、含蓄、隐蔽、暗喻的策略方式，由此及彼，用弦外之音，巧妙表达本意，揭示批评内容，让人自己思考和领悟，使这种批评达到"藏颖词间，锋露于外"的效果。例如，可以通过列举和分析现实中他人的是非，暗喻其错误；通过列举分析历史人物的是非，烘托其错误；也可通过分析正确的事物，比较其错误等。此外，还可采用多种暗示法，如故事暗示法，用生动的形象增强感染力；笑话暗示法，既有幽默感，又使他不尴尬；轶闻暗示法，通过轶闻趣事，使他听批评时，即使受到点影射，也易于接受。总之，通过提供多角度、多内容的比较，使人反思领悟，从而自觉愉快地接受你的意见，改正错误。

道歉态度要诚恳

对待言语失误，道歉时态度诚恳是很重要的。内心有了真诚，即使说话不得当，也能得到别人的谅解。

与人交往，不可避免地会说错话、做错事，得罪人也就在所难免了。严重时，甚至会给别人造成沉重的精神痛苦和巨大的经济损失。对此，我们需要及时认识到自己的错误，诚恳道歉，并主动承担责任，一般情况下，总能得到别人的原谅。

道歉并非耻辱，而是真挚和诚恳的表现。伟人有时也道歉。丘吉尔起初对杜鲁门的印象很坏，但后来告诉杜鲁门说自己以前低估了他——这句话是以赞誉方式做出的道歉。有的人虽然道歉了，但总想为自己的过失寻找借口，以保住自己的面子。这样做，只能让人觉得你没有诚意。没有诚意的道歉是不会获得他人的谅解的。

道歉，有时只不过是"对不起"简简单单3个字，然而有时它却是一种心灵美的外在表现。

一位中国访问学者在美国曾遇到这么一件事。

有一天，她埋头赶路，一边走一边考虑问题，因为有点儿走神，没注意马路对面走来一位男士，一时收不住脚，一脚踩在男士的鞋上。当然，她脱口而出说了声："对不起！"但令她十分奇怪的是在她道歉的同时，那位男士也说了一声："对不起！"这位女士好奇地问："我踩了你，你为什么要向我道歉呢？"

那位男士十分真诚地说："夫人，我想，是因为我挡了您的路您才踩到我脚上的，所以是我妨碍了您，我应该向您道歉！"

从这番话里我们就可以看出，勇于道歉的人常常是善于体谅别人，善于设身处地为他人着想的人。

诚心诚意的道歉，应该语气温和、坦诚直率、堂堂正正，不必躲躲闪闪、羞羞答答，更不要夸大其词、奴颜婢膝，一味往自己脸上抹黑。那样，别人不仅不会接受你的道歉，甚至还会觉得你很虚伪。

妙语解围，营造轻松的交往气氛

话不投机时，不想尴尬快转弯

在我们日常与他人进行交流之时，因话不投机往往会造成一些尴尬，令气氛紧张。话不投机有多种情况，第一种情况是，某种言谈举止使人为难，那就要及时转换话题，以缓和气氛。

两个青年去拜访老师，在谈话中提道：

"老师，听说您的夫人是教英语的，我们想请她指教，行吗？"

老师为难地沉默了片刻，说："那是我以前的爱人，前不久分手了。"

"哦？对不起，老师……"

"没什么，喝点水吧。"

"老师，您的书什么时候出版？快了吧？……"

这样转换话题，特别是提出对方很愿意谈的话题，就会使谈话很快恢复正常，气氛活跃起来。

话不投机的第二种情况，是有人有意或无意地和你开玩笑，带有挖苦意味，使你窘迫甚至生气。如你的头发脱落许多，有人很可能挖苦你是"电灯泡""不毛之地"。在这种情况下，你不可恼羞成怒，伤了和气，也不能忍气吞声，硬装没事。最好是一笑置之，豁然大度地来两句："好啊！这说明我是绝顶聪明。没听说吗？热闹的大街不长草，聪明的脑袋不长毛！"这样答复，话题未转，内容却引申、转折了，既摆脱了窘境，又自我表扬，岂不妙哉？

第三种情况是双方意见对立谈不拢，但问题还要解决，不能回避。这种话不投机的情况就需要绕路引导。

在找对象的问题上，母子有意见。儿子不愿也不能和母亲闹僵，只好等待时机再说。这天吃饭时，母亲又唠叨起来："你这孩子，怎么就不听妈的话呢？人家××的女儿，人长得不错，又有现成的房子，你为什么不和人家谈，偏要……""妈，快吃饭吧，菜凉了不好吃……"儿子先回避话题，意在绕路引导。

联系工作，洽谈生意，也可能话不投机，陷入僵局。只要还有余地，就可提出新的话题，绕弯引导。如甲方推销四吨卡车，而乙方不要四吨的，想要两吨的。这时，甲方若硬着头皮争执，只会越谈越僵，不欢而散。如能转移话题，绕弯引导，从季节、路途、载重多少与车辆寿命长短等各种因素来促使乙方考虑只用两吨车的弊病，或许能"柳暗花明又一村"，开辟新的途径。

在社交应酬场合，有时候会遇到一些让人左右为难的问题，如果按照对方设计的思路去想问题，回答问题，无论如何回答都会落入对方设计的圈套。此时，就需要人们有非凡的反应能力，最好能够借助周围的环境，迅速转移话题，以有效地避免自己的尴尬。

当然，这种及时转弯的应变能力是靠不断的实践培养出来的，但也并不是遥不可及的。只要平时多加锻炼，必然会有所收获。

多说两个"对不起"，可化解瞬间爆发的火气

戴尔·卡耐基时常带着自己心爱的小狗到家附近的森林公园去散步。为了保护游客的安全，这个公园有个规定，必须为狗戴上口罩，拴上链条，才可以进入公园。一开始，卡耐基按照规定遛狗，可是看到自己的爱犬可怜的模样，很不忍心，于是就将口罩和链条取下，让爱犬无拘无束地在公园里玩耍。

没想到这被一位公园警察看到了，他走了过来，对卡耐基说："你没有看到公园门口贴的公告吗？"

卡耐基争辩道："噢，我的狗是不会咬人的。"

警察一听，厉声警告卡耐基："法官可不会因你的狗不会咬人而放过你，下次再被我看到，你自己对法官说去！"

过了几天，卡耐基一大早就带了爱犬，到公园里一处很空旷的地方溜达，看看四下无人，于是又将狗的口罩和链条取了下来。

说来也巧，上回碰到的那个警察，不知从哪里又钻出来了。卡耐基见到警察慢慢地走过来，心想大事不妙，这下准逃不掉。根据上次的经验，和他争辩只会让他更恼火。

卡耐基想了想，以满面羞愧的表情迎上前去。

他故意很难为情地对警察说："警官，对不起，你才警告过我，可我又犯错了，我有罪，你逮捕我吧！"

警察愣了一下，笑意爬上原本严肃的脸庞，他很温和地对卡耐基说："我知道谁都不忍心看到自己的狗可怜兮兮的模样，何况这里没有什么人，所以你取下了口罩。"

卡耐基轻声回答道："但是，这样做是违法的。"

警察望了望远处说："这样吧！你让小狗跑到那个小丘后头，让我看不见，这件事就算了。"

"对不起"这三个字看来简单，可是它的效用不是别的字所能比拟的。这三个字能使顽固者点头，能使怒气消减，甚至能化敌为友。

你在汽车上踩了别人的脚，说声"对不起"，被踩的人自然不会计较什么了。若因为你的过失，使别人吃亏，而你还不承认自己的错误，好像别人吃亏是咎由自取似的，这就不能使别人原谅你了。

消除厌恶感，避免伤害对方的感情，最聪明的办法是：自己谦逊一点。自己有过失的时候立刻道歉，别人才会给予宽容。

"对不起"三个字，意思无非是让别人占上风，你既然让他占了上风，他还有什么更多的要求呢？

从刚懂事起，父母、老师就教导我们要诚实，要勇于认错，要知错就改。想想小时候养成了一个多么好的习惯啊，而长大后却逐渐生疏起来。看看我们的周围，经常可以听到"我不会……因为遗传……""我迟到，因为……""我的计划没完成，因为……"等，即使错了，"对不起"之类的话我们也难以说出口。正是在这些害怕中，我们一点点地丧失勇气，迷失自己。更重要的，容易让人感到我们没有修养。

点点滴滴的失误在我们工作中真的发生了很多很多，可我们并没有及时地说"对不起",我们忙于找借口来拒绝承担自己的责任。

在交际应酬的过程中,说了"对不起",认了错就真的会被瞧不起,会被认为能力差,会丢面子,会得不到信任,会失去威信吗?我们都知道,多少夫妻之间的相濡以沫,多少同事关系的和谐互助,关键皆在于双方能坦然地承认自己错了。卡耐基有名的人际关系原则中有一条:如果错在你,应当立即、断然地承认。我们要认识到认错并不会丢面子,也不会说明你能力差,相反,它还能证明你是个有勇气的人,大家也都会喜欢一个勇于承认错误的人。

面对有意刁难,要化被动为主动

在应酬场合中,你难免会遇到一些刁钻古怪的人,他们会进行刁难。如果你恼羞成怒,对刁难者进行指责,就会激起对方的反击,由此引发"战争"。但如果你表现得过于温和,又会让对方觉得你是一个软弱易欺的人,没准还会找机会再刁难你。

不仅是从政者,社交人士也需要掌握一些应酬技巧,巧妙应对别人的有意刁难,才能既保住自己的面子,又不至于因回敬过头而显得失礼。

1.装糊涂

应酬时,有时会遇到某些人针对一些细微的事情对你发难,存心要让你难堪,意图让你成为全场的笑话。这时,如果你和他针锋相对,就会中了他的激将法,丧失了自己的风度。你不妨揣着明白装糊涂，全当不懂对方的话，让对方的预期心理落空，自讨没趣。

2. 用一个问句来作答

应酬场上，有些人就是喜欢抛给别人两难问题，喜欢看别人左右为难的样子。这时，与其在是与不是两个答案中左右为难，不妨把这个问题直接抛回给对方，来一句："不知您的看法如何呢？"

3. 以相同思维反击

应酬中，当面对别人的有意刁难，你不能直接回答时，不妨采用与对方一样的思维，照他的逻辑，再设一个相同句式的问题来反问他，请君入瓮，这样就可以巧妙地把球踢还给对方，让他也尝尝这左右为难的滋味。

此外，在面对他人的有意刁难时，我们应先有意放松，消除对方的戒备心理，为能牢牢地把握主动权打好基础，再予以反击，令对方措手不及。

总之，应酬时，当我们遇到别人的有意刁难时，一定要保持沉着冷静的心态，化被动为主动，才是商务应酬达人的最佳应酬法。

从"心"说服，把话说到对方的心窝里

以"利"服人

你是否会为他人着想，为他人做一点事呢？几乎所有脱离群体，以自我为中心的人，他们的座右铭都是"人不为己，天诛地灭"。这也就是为什么一旦有人优先考虑他人所托之事时，就会传为美谈，而且备受众人称颂和尊重的原因了。

如果能够充分理解这一点，那么想要说服他人就有如探囊取物般容易了。只要了解对方真正想追求的利益何在，进而满足他的欲望便可达到目的。

肿瘤患者放疗时，每周测一次血常规，有的患者拒绝检查，主要是因为他们没意识到这种监测的目的是保护自己。

一次，护士小王走进 4 床房间，说："王大嫂，该抽血了！"

患者拒绝说："不抽，我太瘦了，没有血，我不抽了！"

小王耐心地解释："抽血是因为要检查骨髓的造血功能是否正常，例如，白细胞、红细胞、血小板等，血象太低了就不能继续做放疗，人会很难受，治疗也会中断！对身体也不好。"

患者更好奇地说："降低了又会怎样？"

小王说："降低了，医生就会用药物使它上升，仍然可以放疗！你看，别的病友都抽了！一点点血，对你不会有什么影响的。再说还可以补过来呀。"

患者被说服了："好吧！"

相信很多人都经历过，在说服人或想拜托别人做事情时，不管怎样进攻或恳求对方，对方总是敷衍应付、漠不关心。这时你首先要唤起对方的关心，然后再说服诱导。在推销方面，推销员为了唤起顾客的注意，并达到80%的购买率，往往是先诱导、后说服。

在英国工业革命方兴未艾时，以发明发电机而闻名的法拉第，为了能够得到政府的研究资助，他去拜访首相。

法拉第带着一个发电机的雏形，非常热心并滔滔不绝地讲述着这个划时代的发明。但首相的反应始终很冷淡，一副漠不关心的样子。

事实上，这也是无可奈何的事情，因为他只是一个了不起的政治家，要他看着这种周围缠着线圈的磁石模型，心里想着这将会带给后世产业结构的大转变，实在是太困难了。但是法拉第在说了下面这段话后，却使原本漠不关心的首相突然变得非常关心起来。他说道："首相，这个机械将来如果能普及的话，必定能增加税收。"

显而易见，首相听了法拉第所说的话后，态度突然有了强烈的转变。其原因就是这个发动机将来一定会获得相当大的利润，而利润增加必能使政府得到一笔很大的税收，而首相关心的就在于此。

在与人交流时要考虑到对方的利益，那么以"利"服人是一大先决条件。但是，将这条最基本要素抛于脑后的却大有人在，他们没有满足对方最大的利益，一心一意只是想要满足自己的私欲。例如以下这个故事：

日本某酒厂的负责人成功研发了新水果酒，为求尽快让产品打进市场，于是他决定说服社长批准大量生产。

"社长，又有新的产品研发出来了。这次的产品是前所未有的新发明，绝对能畅销。连我都喜欢的东西，绝对有市场。我敢拍胸脯保证。"

"什么新产品？"

"就是这个，用梨汁酿制的白兰地。"

"什么？梨汁酿的白兰地？！那种东西谁会喝？况且喝白兰地的人本来就少，更甭说用梨汁酿的白兰地……就是我也不会去喝。不行！"

"请您再评估评估，我认为很可行。用梨汁酿酒本来就不多见，再加上梨子有独特的果香，一定很适合现代人的口味。"

"嗯，我觉得还是不行。"

"我认为绝对会畅销……请您再重新考虑一下。"

"你怎么这样唠叨？不行就是不行。"

"好歹也要试试看才知道好坏，这是好不容易才研发出来的呀！"

"够了，滚吧！"

最后，社长终于忍不住发火。这位负责人不仅没能说服社长，反而坏了自己的名声。

该如何做呢？首先应充分考虑对方的利益为何，再考虑自己的利益何在，然后将两者合并起来，找出双方共有的利益所在，最后再着手进行劝说。先不要急着说双方没有共同的利益，一定会有的。重要的是，不要放弃，直到找出为止。

下面我们再看一个例子。卡内基作为钢铁大王却对钢铁制造不甚了解，那么他成功的原因是什么呢？关键就在于他知道如何统御众人。

他知道名字对一个人的重要。当他还是个孩子的时候，在田野里抓到两只兔子，他很快就替它们筑好了窝，但发现没有食物，因此他想到了一个妙计——把邻居小孩找来，如果他们能为兔子找到食物，就以他们的名字来为兔子命名。

这个妙计产生了意想不到的效果，因此卡内基永远也忘不了这个经验。

当卡内基与乔治·波尔曼都在争取一笔汽车生意时，这位钢铁大王又想起了兔子给他的经验。

当时卡内基所经营的中央能运公司正在与波尔曼的公司竞争，他们都想争夺太平洋铁路的生意，但这种互相残杀对彼此的利益都有很大的损害。当卡内基与波尔曼都要去纽约会见太平洋铁路公司的董事长时，他们在尼加拉斯旅馆碰面，卡内基说："波尔曼先生，我们不要再彼此玩弄对方了。"

波尔曼不悦地说："我不懂你的意思。"

于是，卡内基就把心里的计划说出来，希望能兼顾二者的利益，他描述了合作的好处以及竞争的缺点。波尔曼半信半疑地听着，最后问道："那么新公司要叫什么名字呢？"卡内基立刻答道："当然是叫波尔曼汽车公司啦。"

波尔曼顿时展露了笑容，说道："到我的房间来，我们好好讨论这件事。"

一个人可能会同时具有想去相信人，却并不真正相信别人的两种心态。谨慎而顽固的人多持不信任人的态度，并以这种心态来左右自己的行为。他并不是没有相信人的意念，但他更具有希望人家能信任他的强烈意念。对于这种人，先为他设计一套理由："你这么做，不但对你自己，对他人也是有帮助的。"以此来晓以大义将更有说服力，毕竟利益是多多益善的。

譬如，一位买卖宝石和毛皮的推销员对一个正在犹豫不决的主妇说：

"你用这些东西一定能使你更美，而你的先生也会更喜欢你。"

这句话的含意是说你这么做并非全是为了自己，同时也为了你先生。她必定极乐意买下。如果更进一步地说：

"即使你买了它，若想脱手也能高价卖出，这样对于你的家又何尝没有帮助？"

对方一听，必定会认为她买下这个东西并非为她一人，也是为了家庭。对于一个正在犹豫不决的主妇来说，最好的方法是对她说"不仅对你好，对整个家都好"等类似的话语，必定很容易将货品推销出去。

这种方法并非只适用于商场。日本古代名人丰臣秀吉有一次想没收所有农民的刀枪铁器，但遭到了农民们的激烈反对。由于他们受过太多的欺骗，对那些统治者也早已恨透了，此时若以强压手段必引起农民的反抗。于是他便灵机一动说："这次我要将这些没收的武器用来制造寺庙用的器材、铁钉等，使民众得以去寺庙供奉。并且为了国家、为了全民，更需要百姓专心于耕作上。"于是农民们便都心甘情愿地将武器交出了。

在被劝说者缺乏信任的时候，为了将其导向你所设置的既定目标，必须突出这样的利与得，这是说服对方所采取的一种策略。

刚柔相济，劝诫更有效

张嘉言驻守广州时，沿海一带设有总兵、参将、游击等官职。总兵、参将部下各有数千名士兵，每天的军粮都要平均分为两份。

参将的士兵每年汛期都要出海巡逻，而总兵所管辖的士兵都借口驻守海防，从来不远行。等到每过三五年要修船不出海时，参将部下的士兵只发给一半的军粮，如果没有船修而不出海，就要每天减去三分之一的军粮，以贮存起来待修船时再用。只有总兵的部下军粮一点也不减，当修船时另外再从民间筹集经费。这种做法已沿袭很久，彼此都视为理所当然。

不料，有一天，巡按将此事报告了军门，请求以后将总兵部下的军粮减少一些，留待以后准备修船时再用。恰巧，这位军门和总兵之间有矛盾，于是就仓促同意削减军粮。

总兵各部官兵听到消息后，立即哄然哗变。他们知道张嘉言在朝廷中很有威信，就径直围逼到张嘉言的大堂之下。

张嘉言神色安然自若，命令手下人传五六个知情者到场，说明事情真相。士兵们蜂拥而上，张嘉言当即将他们喝下堂去，说："人多嘴杂，一片吵闹声，我怎么能听清你们说些什么。"

士兵们这才退下。当时正下大雨，士兵们的衣服都淋湿了，张嘉言也不顾惜，只是叫这几个人将情况详细说明。这几个人你一言我一语，都说过去从来没有扣减总兵官兵军粮的先例。

张嘉言说："这件事我也听说了。你们全都不出海巡逻，这也难怪上司削减你们的军粮了。你们要想不减也可以，不过那对你们并没有什么好处。上司从今以后会让你们和参将的士兵一样每年轮换出海巡逻，你们难道能不去吗？如果去了，那么你们也会同他们一样，军粮会被减掉一半。你们费尽心机争取到的东西还是拿不到的，这些肯定要发给那些来替换你们的士兵。如果是这样，你们为什么不听从上司，将军粮稍微减少一点呢？而你们照样还可以做你们大将军的士兵。你们再认真考虑一下吧！"

这几个人低着头，一时无法对答，只是一个劲地说："求老爷转告上司，多多宽大体恤。"

张嘉言问："你们叫什么名字？"

他们都面面相觑不敢回答。

张嘉言顿时骂道："你们不说姓名，如果上司问我'谁禀告你的'，让我怎么回答？"

这几个人只好报了自己的姓名，张嘉言一一记下，然后对他们说：

"你们回去转告各位士兵，这件事我自有处置，劝他们不要闹了。否则，你们几个人的姓名都在我这儿，上司一定会将你们全部斩首。"

这几个人顿时吓得面容失色，连连点头称是，退了出去。

后来，总兵部下的士兵每日被扣军粮，士兵们竟然再也没有闹事的。张嘉言的这招恩威并施堪称经典。

在说服他人的过程中，采用刚柔相济的劝诫之术，一方面能使别人体面地"退"，另一方面又坚持自己的原则，使自己的主张得到采纳，这种方法为许多事情的处理留有余地。

太史公司马迁在《史记·滑稽传》记载：战国时期，齐威王荒淫无度，不理国政，好为长夜之饮。上行下效，僚属们也全不干正事了，眼看国家就要灭亡。可是就在这种节骨眼上却没有谁敢去进谏，最后只好由"长不满四尺"的淳于髡出面了。但是淳于髡并没有气势汹汹、单刀直入地向齐威王提出规谏，而是先和他搭讪聊天。

他对齐威王说："咱们齐国有一只大鸟，落在大王的屋顶上已经3年了，可是它既不飞，又不叫，大王您知道是什么原因吗？"

齐威王虽然荒淫好酒，但是他本人却和夏桀、商纣那样的坏到骨子里去的人物有着巨大的不同，所以当听到淳于髡的隐语之后，他就被刺痛并醒悟了。于是很快回答说："我知道。这只大鸟它不鸣则已，一鸣就要惊人；不飞则已，一飞即将冲天。你就等着看吧！"

说毕立即停歌罢舞，戒酒上朝，切实清理政务，严肃吏治，接见县令共72人，赏有功者1人，杀有罪者1人。随后领兵出征，打退要来侵犯齐国的各路诸侯，夺回被别国侵占去的所有国土，齐国很快又强盛起来。

淳于髡并没有以尖锐的语言来进行劝谏，而是避开话锋，柔语细说中又带有一丝强硬与责备，这样对方很容易主动接受建议。

刚柔相济的方法还可以以两人合作的形式来实施。

一位深受青年喜爱的作家的很多作品都被拍成电影，好多人都曾在影院看过经他的原著改编的影片，影院的观众席都挤满了，观众不时为故事的新颖奇妙鼓掌喝彩，就像20世纪30年代的美国人为卓别林的表演忍俊不禁一样。影片是侦探片，而最吸引人的是影片中审讯犯人的绝妙技巧：警员声色俱厉地威胁、恐吓犯人，把他逼到山穷水尽的困境，这时又一位陪审的警员出场，他态度十分温和地对罪犯表示信任和理解。

首先罪犯由攻击型的警员来审问，以凌厉的攻势摧毁对方的意志，向他说明他的罪证确凿、他的同伙都招供了等，把他逼到进退两难的边缘。接受了这样的审讯后，有的人会屈服，而顽固的罪犯则会死不认罪。

这种情况下，则派另一位温和型的警员审问他。警员完全站到罪犯的立场上，真心地安慰他、鼓励他"你的兄长都希望你得到宽大处理，希望你为他们考虑"等。面对这种软招，罪犯往往会自惭形秽，坦白自己的一切犯罪行为。

无论是在影片中还是现实生活中，使用这种技巧，罪犯十有八九会坦白认罪的。

这种手法是一种奇异的心理法则，又称"缓解交代法"。由温和型和攻击型的两个人合作，一方首先把对方逼到心理的死胡同里去，令他一筹莫展；这时另一个人出来指点给他一条路。这种情况下，对方会自然地奔向那条可以脱身的路。

把话说到对方的心窝里

日本有一个这样的故事。真田广之替已过世的父亲守灵。

他的老家离东京很远，即使坐电车也要花3个钟头，而且那时的电车还不像现在这样每一小时发一班车，所以可以说交通很不方便。当时他心里想：外地的亲戚朋友是不可能前来凭吊的了。

但出乎意料的是，在整个晚上都没有任何一个亲属到来的情况下，一个女子突然出现在他的面前。

"田中小姐，你怎么来了……"

当时真田简直感动得难以言表，因为她不过是他的一名同事而已，真难以想象她会在下班之后，特意搭乘电车赶到他的老家来。况且当时天色已经很晚，她又不太认得路，肯定是挨家挨户询问才找到他家的。"你经常来这里？"

"不，今天是第一次，我只是想来凭吊一番……"

"太谢谢你了，太谢谢你了！"

真田简直感动得不知道该说什么才好，心想，她是个多么好的同事啊！这位同事的确拥有很好的人际关系，在公司里，不论男女都是这么认为的。她得到了大家的信任，只要是她说的话，大家都认为不会错，而且也愿意按照她说的去做。这同时也表示，她是个说服力极强的人。

经过那晚的谈话，真田明白了她之所以说服力极强的秘密。平时别人遇到什么麻烦，田中小姐总是会伸出援助之手，这令所有人都为之感动。

可能平时我们没有太多时间和精力去助人为乐，但该事例告诉了我们一个关键信息，就是说服他人的核心点在于征服他人的内心，使对方在情感上有所共鸣。

文学家李密曾在蜀汉时担任过尚书郎的官职，蜀汉灭亡后，其居家不出。晋武帝知道他有才干，便下诏命他进朝为太子洗马，但李密拒绝了。为此，晋武帝大怒。在这种情况下，李密写了一封信给晋武帝。

"……我想圣明的晋朝是以孝来治理天下的，凡是年老之人，都得到了朝廷的怜恤和照顾，何况我祖孙孤零困苦的情况特别严重。

　　我年轻的时候在蜀汉朝做官，任职郎中，本来就希望仕途显达，并不矜持名声节操。现在我是败亡之国的低贱俘虏，身份卑微的人，受到过分的提拔，宠幸的委命已经非常优厚，哪里还敢迟疑徘徊，有更高的渴求呢？

　　只是因为我祖母刘氏如西山落日，已经是气息短促，生命不长。我如没有祖母的抚育，就难以有今日。祖母如失去了我的奉养，也就无法多度余日。祖孙二人相依为命，因此我实在不能抛开祖母离家远行。

　　微臣李密今年 44 岁，祖母刘氏今年 96 岁。这样，我为陛下尽忠效力的日子还长，而报答祖母养育之恩的日子短呀！故此我以这种乌鸦反哺的私衷，乞求陛下准允我为祖母养老送终。

　　恳请陛下怜恤我的一片愚诚，慨允我微小的志愿，使祖母刘氏可以侥幸保其晚年，我活着也将以生命奉献陛下，死后也要结草图报。臣内心怀着难以承受的惶恐，特地作此书，奏闻圣上。"

　　这就是流传百世的《陈情表》。将心比心，以情说理，李密在柔言细语中陈述自己的处境。武帝颇为感动，心头的怒火也自然平息了，他还赐给李密奴婢二人，并令郡县供养其祖母。

　　杰克·凯维是加利福尼亚州一家电气公司的一位科长，他一向知人善任，并且每当推行一个计划时，总是不遗余力地率先做榜样，将最困难的工作承揽在自己的身上，等到一切都上了轨道之后，他才将工作交给下属，而自己退身幕后。虽然他这种处理事情的方法是很好的，但他太喜欢为他人做表率，所以常常让人觉得他似乎太骄傲了。

最近不知怎么回事，一向精神奕奕的凯维却显得无精打采。原来最近的经济极不景气，资金方面周转不灵，再加上预算又被削减，使得科里的运转差点停顿。这种情形若继续下去，后果一定不可收拾。于是他实施了一套新方案，并且鼓励职工："好好干吧！成功之后一定不会亏待你们的。"但没想到眼看就要达到目标，结果还是功亏一篑，也难怪他会意志消沉了。平日对凯维就极为照顾的经理看了这些情形后，便对他说："你最近看起来总是无精打采的，失败的挫折感我当然能够理解，但是我觉得你之所以会失败，乃是因为你只是一味地注意该如何实现目标，却忽略了人际关系这种软体的工程，如果你能多方考虑，并多为他人着想，这种问题一定能够迎刃而解。"经理停顿了一下，又接着说："大丈夫要能屈能伸，才是一个好的管理人员。我觉得你就是进取心太急切了，又总喜欢为职工做表率，而完全不考虑他们的立场，认为他们一定能如你所愿地完成工作，结果倒给了职工极大的心理压力。大概也就是因为这个缘故，所以大家都说你虽能干，但你的部属却很为难。每个人当然都知道工作的重要性，所以你实在大可不必再给他们施加压力。你好好休息几天，让精神恢复过来，至于工作方面，我会帮助你的。"

杰克·凯维的一段亲身经历让我们知道，必须站在别人的立场，将心比心才能真正达到说服对方的目的，否则，再多的自信和能力也无法让别人服从你。会打棒球的人都知道，当我们要接球时，应顺着球势慢慢后退，这样的话球劲便会减弱。与此相似，我们在说服他人的时候，如果能将接棒球的那一套运用过来，相信说服会变得更容易。

唐代大诗人白居易说："动人心者莫先于情。"意思是说，要说服人、打动人，必须动之以情，言语必须是诚心诚意的，发自内心，富有人情味和同情心，让人听后觉得你是真心为他好，是设身处地地为他着想，而不是在应付他。相反，冰冷的态度、程式化的言辞，都会引起对方的逆反心理，增加说服的难度。

林肯在当律师时曾碰到这样一件事：

有一位老妇人是美国独立战争时一位烈士的遗孀，每月只靠抚恤金维持风烛残年。前不久出纳员非要她交纳一笔手续费才准领钱，而这笔手续费相当于抚恤金的一半，这分明是勒索。

林肯知道后怒不可遏，他安慰了老妇人，并答应帮助她打这个没有凭据的官司，因为出纳员是口头勒索。

开庭后，因原告证据不足，被告矢口否认，情况显然不妙。林肯发言时，上百双眼睛都盯着他。

林肯首先把听众引入对美国独立战争的回忆，他两眼闪着泪花，述说爱国战士是怎样揭竿而起，又是怎样忍饥挨饿地在冰天雪地里战斗。渐渐地，他的情绪变激动了，言辞犹如挟枪带剑，锋芒直指那个企图勒索的出纳员。最后他以严正的设问，做出了令人怦然心动的结论：

"1776年的英雄早已长眠地下，可是他们那衰老而可怜的遗孀还在我们面前，要求代她申诉。这位老人也曾是位美丽的少女，曾经有过幸福愉快的生活。不过，她已牺牲了一切，变得贫穷无依，不得不向自由的我们请求援助和保护，而这自由是用革命先烈的鲜血换来的。试问，我们能熟视无睹吗？"发言至此，戛然而止。听众早已激动了：有的捶胸顿足，扑过去要撕扯被告；有的泪水涟涟，当场解囊捐款。在听众的一致要求下，法庭通过了保护烈士遗孀不受勒索的判决。

这就是感情的力量。唯有真挚的感情才能打动人、说服人，才能唤起民众、唤醒民心。

婆婆是家里的一把手，财政大权控于掌中，媳妇感到很不愉快。一天晚饭后，她诚恳地对婆婆说："您老人家操管全家的生活真是辛苦。有些事，我们可以办的，您尽管吩咐。现在大家收入增加了，不愁吃穿，生活可以安排得更丰富些。家里的经济收支，您安排得很好，以后您可以让我们试试，如果您觉得不对的地方，也好帮我们改正。"

婆婆非常乐意地接受了媳妇的要求。家庭气氛一如既往，其乐融融。

说服不是一项硬件工程，它需要先让人心动，然后才能把人说动，一切从"心"出发吧！

换个角度说话让他心悦诚服

说服他人做什么事可以根本不用面对面提出你的意愿，也不用说得明白无误，采用一种旁敲侧击的方法有时候更奏效。

公元前 636 年，在外流浪 19 年的晋公子重耳，在秦穆公的帮助支持下，就要回国为王了。

渡河之际，壶叔把他们流亡时的旧席破帷仍然当宝贝似的搬上船，一件也不舍得丢掉。重耳一看，哈哈大笑，说自己就要回国为王了，还要这些破烂干什么？他命令将这些东西全部抛弃。狐偃对重耳这种未得富贵先忘贫贱的言行非常反感，担心以后重耳会像抛弃破烂一样，把他们这些陪伴他长期流浪的旧臣也统统抛弃。

于是，他当即向重耳表示，他愿意继续留在秦国，因为在外奔波了 19 年，自己现在心力交瘁，身体已经像刚才重耳丢弃的旧席破帷一样无法再用，回去也没有什么价值了。

重耳一听便明白了狐偃的意思，马上做了自我批评，并让壶叔把东西一一捡回，表示返回国后，一定不会忘掉狐偃的功劳和苦劳，要狐偃和他同心同德，治理晋国。

在对别人进行劝服时，由于种种原因不好直说，往往不能直截了当地点出对方的意见和观点是错误的，这时若能旁敲侧击，以事物启发人，会更容易被对方所接受。

著名的出版业巨人哈斯特是从创办一份小型报纸起家的，经过几年的奋斗，他拥有了 23 种报纸和 12 种杂志。一次，这位杰出的人物遇到了一件令人烦恼的事情：著名的漫画家纳斯特为他绘制了一幅令他大失所望的漫画。

哈斯特觉得这样可不行，一定要想办法让他重画一幅令人满意的漫画才行，可是怎样才能让那位著名的漫画家能够重画一张杰出的作品呢？而且，还有一个问题就是，这样一来原先那幅失败的作品就会因此而报废，他一定会有受挫感的，怎样才能让他愉快地重画呢？

当天晚上，大家一起共进晚餐的时候，哈斯特着重对那幅失败的作品好好地赞赏了一番，他表示："本地的电车时常让许多小孩子不慎伤亡。有的时候，驾驶电车的司机看上去简直不像活人，倒像个死人。照我自己看来，那些人好像只是瞠目结舌地看着孩子们在街上玩耍，却毫无顾忌地冲上前去。"这时，纳斯特激动地一跃而起，惊奇地说道："老天！哈斯特先生，这个场景足以画出一张让人震撼的图画来啊！你把我那张画作废吧，我给你重新画一张更出色的。"就这样，纳斯特异常激动地待在旅馆里，连夜赶制这幅漫画，第二天果然就送来了一幅异常深刻的漫画。

精明的哈斯特诱使纳斯特主动提出将自己的画作废，并自愿加班赶制一幅新的漫画，是哈斯特利用暗示来将看似突发奇想的灵感不着痕迹地移植到了纳斯特的心里，以致纳斯特兴致勃勃地完成了一幅新的杰作。

对于有抵触情绪的人正面说服虽然能够表达说服者的诚心，却不能达到解除对方抵触的目的，而如果在形式上加以改变，却能达到正面说服所不能达到的效果。

那是在第二次世界大战末期，美军付出很大代价攻占了太平洋上的一座日本岛屿。最后的十几名日本士兵退到一个山洞里。无论洞外的美军怎么喊话，他们拒不缴枪，并拼命朝外射击。美军此时真是无可奈何。忽然有位美国兵灵机一动，半开玩笑式地向洞里的日本兵做出一个许诺：如果投降，就让他们去好莱坞一游，看一看演员们的风采。没想到这句话产生了意想不到的效果。枪声停止了。那些刚才还开枪顽抗的日本兵一个个爬出了洞穴，缴枪投降了。最后，美军司令部为了维护信誉，竟真的安排这些俘虏飞抵好莱坞，大饱了一次眼福。

侧面说服并非是歪打正着。二十几岁的日本兵虽被灌输了不少武士道精神，但正当年少，哪个不做少年郎的梦？好莱坞是个梦幻的世界，它吸引着成千上万世界各地年轻人的心，它对于这些无视生命的日本兵来说也有着超凡的魅力。美国人正是利用了这种心态，达到了说服的效果。

约翰的公司正值生意兴隆之际，忽然因一件意外的事件濒临破产。约翰回到家中，痛哭流涕，想到这20年的艰难创业即将毁于一旦，他的精神陷入极端绝望的境地。他不吃饭不睡觉，心里满是自杀的念头。妻子琼开始也和约翰一样悲痛欲绝，但她看到约翰的样子，明白该是自己拿出勇气的时候了。她一遍遍地劝慰约翰，说些"忘记这一切，从头干起"的鼓励话。但约翰好像没有听到，依然沉湎于自己的绝望心境中。琼看到正面的劝慰不能奏效，灵机一动，计上心来，她坐在约翰的身旁，大哭了起来，一边哭一边诉说起今后生活的可怕。"你的公司破产了，我们这个家可怎么办，两个孩子的学费怎么筹集，我怎么和孩子们去解释？他们将不能和同学一起去度假。"琼哭得那么伤心，约翰在妻子的哭声中从迷茫的状态下慢慢清醒了过来。他想起了自己对妻儿的责任，想起这个打击也同样降临到了家人身上。他立刻收起了悲伤，对琼说："不要难过，我们重新开始。"琼笑了，对约翰说："看来得要扮演被安慰者才行。"

关键时刻，琼调转了角色，变换了角度，使约翰重新恢复了勇气。

我国的古人很喜欢采用一种叫"隐语"的手法来表达自己的意见。这种方法更为含蓄，给人一种优美、曲折的感觉。通常是借别的词语或手势动作做出暗示，让对方猜测。巧妙使用隐语不仅可以把话讲得生动、脱俗，而且容易引起对方的注意和兴趣。

周武王灭殷商，入商都朝歌。听说殷有位德高望重的长者，于是武王前去面见，询问殷朝所以灭亡的原因。

殷长者对武王说："您要知道这个答案，请以某一天的中午时分为期，到时再谈。"约定的日期到了，可是殷长者没有来。武王感觉很奇怪。周公说："我已经知道了。此人是个君子，礼义要求他不能非难自己的君王，所以不能明言直说。至于他期而不到，言而无信，实际上暗示了殷所以灭亡的原因。他是在用隐语来回答我们的问题啊。"

　　齐景公伐鲁，接近许城时，找到一个叫东门无泽的人。齐景公问他："鲁国的年成如何？"东门无泽回答说："背阴的地方冰凝到底，朝阳的地方冰厚五寸。"齐景公不明白，把这事告诉了晏子。晏子回答说："这是一位有知识的人，您问年成，而他回答冰，这是合于礼的。背阴地方的冰凝固，朝阳地方冰结五寸，这表明节气正常，节气正常意味着政治平和，政治平和上下就团结，上下团结年成自然好。您攻打一个粮食充足、群众团结的国家，恐怕会把齐国百姓弄得很疲惫，会死伤不少战士，结局恐怕不会如您的愿。请对鲁国以礼相待，平息他们对我国的怨恨，遣返他们的俘虏，来表明我们的好意吧。"齐景公说："好！"于是决定不再伐鲁。

　　使用隐语需要对方有一定的领悟能力，否则也达不到预期的效果。因此，我们在对对方进行旁敲侧击的同时，必须考虑到对方的心理和立场。

委婉说"不",拒绝也不伤感情

拒绝要真诚,不能让人感觉你敷衍了事

当你不得不拒绝别人时,要想好一些真诚的理由,让别人从心眼里觉得的确是你能力有限从而不得不拒绝。

拒绝总是会让人感到不愉快。委婉拒绝无非是为了减轻双方,特别是对方的心理负担。特别是上司拒绝下属的要求时,不能盛气凌人,要以关怀的态度、关切的口吻讲述理由,使之心服。在结束交谈时,一定要表示歉意。一次成功的拒绝,也可能为将来的重新握手,更深层次的交际播下希望的种子。

从事销售的小刘遇上一位工作狂的上司,很多同事都因此而"逃离"了,而她却能始终保持极佳的工作状态,她是怎么做的呢?

小刘说:"一开始我也像他们一样以办公室为家,日日夜夜伏

案工作，在我的字典里'休息'这个词似乎早就不存在了。后来我发现，工作狂的老板通常有一个思维定式：他们一般疏于考虑自己分配下去的任务量有多少，下属需要花费多长时间可以搞定，他们想当然地认为你应该没问题。所以，以后如果我觉得工作量过大，超出了个人能力所能达到的范畴时，我不会一味投身于工作中蛮干，要知道，不说出来的话，工作狂的老板是不会体会到你的负荷已经到了警戒线的。这也不能怪他，每个人的承受能力不同，老板又如何能体会到下属执行当中的难度与苦衷？这个时候，下属应该主动与老板沟通交流。口头上陈述困难或许有故意推托之嫌，可以书面呈送工作时间安排与流程，靠数据来说明工作过多，让他相信，过多的工作令效率降低。合理正确的沟通会令老板了解你的需求，从而适当调整任务量及完成时间，或选派更多的同仁来帮你分担。"

试想一下，如果小刘怕得罪上司而勉强接受所有任务，到时完不成任务更会受到上司的指责；如果因为自己不事先说明难度，最后又耽误公司整体事务，罪过就更大了。这种坦诚拒绝的方法不仅适用于上司，也适用于周围的同事。当然，坦诚拒绝也要讲究方式。

当别人向你提出请求时，一定会担心你会不会马上拒绝自己，而感到不安。所以，在你决定拒绝之前，首先要注意倾听对方诉说。比较好的办法是，请对方把处境与需要讲得更清楚一些，这样，自己才知道如何帮他。

倾听能够让对方感受到你的尊重和真诚，而委婉地向对方表达自己的拒绝，可以避免使双方的感情受到严重的伤害。

倾听的另一个好处是，你虽然拒绝他，却可以针对他的情况，建议如何取得适当的支援。若是能提出有效的建议或替代方案，对方一样会感激你，甚至在你的指引下找到更适当的解决方案。

直接的拒绝只会伤害彼此的感情，而委婉地说"不"却更容易让人接受。当你仔细倾听了别人的要求，并认为自己应该拒绝的时候，说"不"的态度必须是温和而坚定的。

例如，当对方提出的要求不符合公司或部门的规定，你就要委婉地让对方知道自己帮不了这个忙，因为它违反了公司的相关规定。在自己工作已经排满而爱莫能助的前提下，要让他清楚地明白这一点。一般来说，同事听你这么说一定会知难而退，再想其他办法。

拒绝除了需要技巧，更需要耐性与关怀。若只是敷衍了事，这样只会伤害对方。

对领导说"不"时一定要把握好时机。

"不管什么事情只要交给安娜，我就放心了"。安娜进公司3年，这是领导常挂在嘴边的话。开始安娜很高兴，但时间一天天过去，交给她的任务越来越多。"安娜，这个方案你盯一下；安娜，这个客户恐怕只有你能对付""安娜，上海的那个项目人手不够，你顶一下"。老总为某事抓狂时，必会打开房门大叫安娜。

安娜手里的事情多到了加班加点也做不完，可周围有些同事却闲得很，薪水也并不比她少多少。

安娜很气恼，回家跟丈夫抱怨。丈夫居然也说："如果我是你们老总，我也不会升你的职。一个不懂拒绝的人，怎么去管理别人？"安娜仔细想了想，觉得这话真的很有道理。

日后，当老总给她加工作量时，安娜鼓足勇气说："我手里有3个大项目，10个小项目，我担心时间安排不过来。"老总一听，脸立刻变了色："可是，这个项目只有你去做我才放心。"

"那好吧，我赶一赶。"说完这句话，安娜恨不得咬掉自己的舌头。看到老总的脸，一个大胆的念头突然冒了出来："不过，要按时保质完成，我需要几个帮手。"安娜轻描淡写地说。老总惊讶地看着她，继而笑着说："我考虑一下。"

原来安娜想，如果老总答应给自己派助手，自己的工作也有人可以分担了；如果不答应，老总也不好把新任务硬塞给自己了。

果然，老总再也没提过加派新任务的事，还破天荒地经常跑来关心安娜的工作进展，并叮嘱她有困难就提出来，别累坏了身体，等等。

有的时候，你并不需要大张旗鼓地拒绝领导，只需要摆出自己的难处，领导也不会觉得你的拒绝很过分。要拒绝领导的不合理要求，就必须告诉他你在时间或精力上的困难，让他明白你不是超人。

拒绝的话要合情合理

如何拒绝别人是一门艺术，这门艺术的关键点就在于拒绝别人的话要怎么说才能让人觉得合情合理，进而让别人更容易接受。

人的一生就是在不断地接受和拒绝中度过的。如果拒绝未采用合适的方法和相应的技巧就容易伤害对方，引发怨恨和不满，从而导致人际关系的破裂，让自己陷入非常被动的境地之中。即使不至于闹到很严重的地步，因拒绝而引起的疙瘩也会使对方耿耿于怀。

"我实在没有钱借给你，否则，我就不必如此地拼命了""我们非亲非故的，凭什么要帮你"……在遭受这样的拒绝后，你会有怎样的反应呢？你一定会感到恼羞成怒，用犀利的言语回击对方。

有时，对方与我们反目成仇，并非完全是由于我们拒绝了他，更多的是我们拒绝的语言和方式伤害了他。那么我们要如何拒绝呢？

小李24岁，才貌双全，大学毕业后分配到一家公司工作。不料，她的顶头上司——部门经理对她一见倾心，便发起了猛烈的攻势。小李怕直接回绝会伤了上司的自尊，给自己以后的工作带来不便。考虑再三，最后小李决定实话实说，于是彬彬有礼地告诉经理：

"我已另有所爱，只是男友暂时在外地工作。"如此一来，经理在"恨不相逢未嫁时"的深深遗憾中打消了自己的念头，以平常心对待小李。

再看看下面这个例子。

小林陪女友逛商店，女友在某时装店看中了一件风衣，价格不菲，而小林觉得这件衣服很普通，不值这个价。但是在女友面前不便说，否则女友会认为自己是个小气鬼，两人免不了要闹一阵子情绪。只见小林鼓动女友试衣，左看右看后对女友说："很合身，但我觉得你穿上它气质不如从前了。主要是款式太新潮，不适合你的职业特点，倒更像是较前卫的女孩穿的。"女友一听此话，忙不迭地脱下风衣，拉着小林离开了商店。

小林巧用衣服与气质的关系，让女友主动放弃了自己中意的风衣，达到了自己的目的。

知己知彼，理由才更好说

要想说好让对方心服口服的理由，要先了解对方，根据对方的脾性说出合理的能让对方接受的理由。

什么样的理由才能够让对方欣然接受呢？如果你对对方不够了解的话，显然你很难说好理由。

应先了解对方的一些经历及生活状况。思维方式不同，人的观念也不同，因此，要了解他的人生观、价值观。

必须注意对方的心境。如果在交谈当中，不顾对方的心理变化，而一味地将想法统统搬出来，那么，你是得不到他的认同的。一厢情愿的谈话往往会让对方厌恶。

不该说话的时候说了，则犯了急躁的毛病；该说话的时候却没有说，从而失掉了说话的时机。不看对方的态度便贸然开口，叫作"闭着眼睛说瞎话"。在交谈过程中应兼顾对方的心理活动，使谈话内容和听者的心境变化同步，这样才能引起共鸣。

性格外向的人易喜形于色，和他可以侃侃而谈；性格内向的人多半沉默寡言，与其交往时则应注意委言婉语、循循善诱。

先承后转避直接

有时对方提出的要求有一定的合理性，但因条件的限制又无法予以满足。在这种情况下，拒绝的言辞可采用"先肯定后否定"的形式，使其精神上得到一些满足，以减少因拒绝而产生的不快和失望。例如，一家公司的经理对一家工厂的厂长说："我们两家搞联营，你看怎么样？"厂长回答："这个设想很不错，只是目前条件还不成熟。"这样既拒绝了对方，又给自己留了后路。

对对方的请求最好避免一开口就说"不行"，而是要表示理解、同情，然后再据实陈述无法接受的理由，获得对方的理解，使其自动放弃请求。

李刚和王静是大学同学，李刚这几年做生意虽说挣了些钱，但也有不少的外债。两人毕业后一直无来往，忽一日王静向李刚提出借钱的请求，李刚很犯难，借吧，怕担风险；不借吧，同学一场，又不好拒绝。思忖再三，最后李刚说："你在困难时找到我，是信任我，瞧得起我，但不巧的是我刚刚买了房子，手头一时没有积蓄，你先等几天，等我过几天把账结回来，一定借给你。"

先扬后抑这种方法也可以说成是一种"先承后转"的方法，这也是一种力求避免正面表述，而采用间接拒绝他人的一种方法。先用肯定的口气去赞赏别人的一些想法和要求，然后再来表达你拒绝的原因，这样就不会直接伤害对方的感情和积极性了，而且还能够使对方更容易接受你，同时也为自己留下一条退路。一般情况来说，你还可以采用下面一些话来表达你的意见，"这真的是一个好主意，只可惜由于……我们不能马上采用它，等情况好了再说吧""这个主意太好了，但是如果只从眼下的这些条件来看，我们必须要放弃它，我想我们以后肯定是能够用到它的""我知道你是一个体谅朋友的人，你如果对我不十分信任，认为我没有能力做好这件事，那么你是不会找我的，但是我实在忙不过来了，下次如果有什么事情我一定会尽我的全力来支持你"，等等。

有的时候对方可能会很急于成事而相求，但是你确实又没有时间，没有办法帮助他的时候，一定要考虑到对方的实际情况和他当时的心情，一定要避免使对方恼羞成怒，以免造成误会。

拒绝还可以从感情上先表示同情，然后再表明无能为力。

黄女士在民航售票处担任售票工作，由于经济的发展，乘坐飞机的旅客与日俱增，黄女士时常要拒绝很多旅客的订票要求，黄女士每每总是带着非常同情的心情对旅客说："我知道你们非常需要坐飞机，从感情上说我也十分愿意为你们效劳，使你们如愿以偿，但票已订完了，实在无能为力。欢迎你们下次再来乘坐我们的飞机。"黄女士的一番话，叫旅客再也提不出意见来。

幽默拒绝很管用

用幽默的方法拒绝别人，既可以缓解紧张的氛围，又不会影响彼此的友谊。

玛丽抱怨她的丈夫说："你看邻居 W 先生，每次出门都要吻他的妻子，你就不能做到这一点吗？"丈夫说："当然可以，不过我目前跟 W 太太还不太熟。"

玛丽的本意是要她的丈夫在每次出门前吻自己，而丈夫却有意地曲解为让他吻 W 太太，委婉地表达了自己不愿意那样做的本意。

直接拒绝别人很容易伤害对方，甚至造成许多误解，破坏彼此间的友谊。但是，利用幽默，巧妙拒绝，却能使很多问题迎刃而解。

有位员工代表向老板谈加薪的问题，并使出了眼泪战术，苦苦哀求道："老板，请你一定要帮帮忙，现在这点薪水我实在无法和我太太继续在一起生活下去呀！"上司回答说："好吧！那么我会出面来说服你太太，要她跟你离婚的。"

在工作当中，如果不懂得拒绝的技巧，往往会吃亏上当。下面的例子很有借鉴意义。

大个子瑞克是一位被公司冷落的老主任。有一天，某部门经理拍着他的肩膀说："瑞克，你看是不是早日把你的职位让给年轻人！"

"好啊！就这么办！"

"你愿意？"

"是啊！不过俗话说，'鸟去不浊池'，所以我有一个请求，希望能让我把正在进行的工作彻底做好再走。"

"哦！这是理所当然的。不过，你那个工作预计什么时候可以完成呢！"

"我想，大概还要 10 年。"

在拒绝别人时，采用幽默的方式不但不会伤害到对方，而且还可以避免不必要的尴尬。

巧设玄机，瞬间掌握他人心理的问话法

问话热身，消除冷状态

生活中，当我们与某人第一次见面时，不管有多想了解对方，一定不能忽视问话禁语的问题，要耐下心来慢慢诉说。

第一次见面，不管出于怎样的目的，总希望尽可能多地了解对方，一个又一个的问题就这样问了出来。殊不知，这样的问话方式会给对方造成不适之感，对方对你本就不熟悉，戒心会更重。最开始问话的一方往往觉察不到这种迹象，直到对方表现出明显的回避与提防的情形时，问话方才不得不就自己的问话做一番解释。于是疑云消散，双方的交谈才逐渐融洽。但是，如果在对话的最开始就先讲明自己询问某些事的原因，交流的效果会更好。

小超是动漫爱好者，最近又迷上飞机模型的制作，经人介绍认识了一个叫赵彦的模型高手，两人一见面就谈了起来。

小超："听说你是这方面的行家？"

赵彦："也不算吧，只是喜欢玩而已。"

小超："你做这个多少年了？听说这行里的有些人很神秘，之前都是专门设计飞机的？飞机的原理是不是很复杂？有没有什么有意思的事透露一下？"

听了小超的这几句话，赵彦的面部表情突然严峻了起来。

"你问这些干什么？我不知道。"

感到对方有明显的抵触心理，小超连忙说道：

"不好意思，我解释一下，我之所以问你飞机原理的事，是因为我最近在学着做飞机模型，我朋友没跟你说？"

赵彦摇摇头："他只说你想认识我一下，没说具体是什么原因。"

"噢，那就是我的不对了，我应该提前告诉你我那么问的原因的。除了飞机原理，我还想知道咱们国内制作飞机模型的整个状况，经费啊、材料源啊，等等，毕竟我刚接触这个，这方面的知识还非常缺乏，可以吗？"

"当然啊。你一解释我就明白了，不然一见面就问我飞机原理什么的，我感到很奇怪。"

"哈哈，我的错，我的错。"

小超就犯了只顾问而没有解释的错误。他的问题让对方疑虑重重，甚至因为问题的敏感而怀疑他。因为有这样的想法，对方的心就会关闭得更严，而交流自然无法畅通。在这个过程中，对方还是一副戒备心，没有把小超当真正的朋友，而小超那样问，也是没读懂对方的表现。

不熟悉的人相见，认知总需要一个过程，切不可因为想急切了解某些问题而忽视了思想"互通有无"的过程。简而言之，就是让对方对你跟他对话的目的有个大概的了解，让他心中有数，他才会对你的问题予以解答。

小超从一开始就问，到后来对问话予以解释，就是感觉到了对方内心的变化：由陌生到抵触，不解释对方可能更加防备，这样发展下去的后果很可能是不欢而散。小超热情四溢，对方却一直是冷状态。

所以，生活中，当我们与某人第一次见面时，不管有多想了解对方，一定不能忽视问话禁语的问题，要耐下心来慢慢诉说。尤其要注意的是，在一些需要解释的问题之前做出必要的解释，跟对方说明自己这样问的意图。这样才能让他最大限度地敞开心扉说出自己的想法，你也会更加了解这个人。

求同存异：认同与被认同里的玄机

心理学上讲，人往往会因为彼此间相似的秉性或者经历走到一起，在认同和被认同的过程中，慢慢由陌生变得熟悉。

一个严冬的夜晚，两个人初次见面。

对话一：

"今天好冷啊。"

"是啊。"

"……"

"……"

对话二：

"今晚好冷！像我这种南方人，尽管在这里住了几年，但对这种天气还是难以适应，你感觉怎么样？"

"是啊，我父母虽然是北方人，但我也是从小在南方长大的，在这里还是不适应。"

"你也是南方的？你是南方哪儿的？"

"我是南方……"

以上两段对话均来自两个陌生人初次见面的情景。在第一段对话里，两人见面说的第一段话非常普通："天很冷啊""是啊"。从字面上就能判断出双方的聊天能力一般。

第二段对话则不同。第一个人见面就说自己是在南方长大的，对北方这种寒冷的天气很不适应，然后又问对方感觉怎么样。对方虽不是纯正的南方人，但也是在南方长大的，因此，两个人有共同话题，你来我往间，彼此就会越来越融洽。

从第二段的话中可以分析到，尽管见面的两人一个是纯正的南方人，另一个只是从小在南方成长，父母是北方的。两者虽有差异，但主动问话者故意忽略了这种差异，只强调双方的相似性：都在南方有一段成长经历，对北方寒冷的冬季极不适应。因为有了相似的经历，话题才会越来越多。

从心理学上讲，人往往会因为彼此间相似的秉性或者经历走到一起，在认同和被认同的过程中，慢慢由陌生变得熟悉。没有人希望与自己对话的那个人是个和自己没有丝毫相同点的人，那样的话，两人很难有聊得来的话题。甚至，有可能爆发矛盾冲突，这也就是第二段的问话人求同存异的原因。

因为有了相同的地方，第一次见面的两个人才会渐渐有亲切感，慢慢放下戒备的心。除此，消除陌生感的方式还有以下几种：

1. 攀认式

赤壁之战中，鲁肃见诸葛亮的第一句话是："我，子瑜友也。"子瑜，就是诸葛亮的哥哥诸葛瑾，他是鲁肃的挚友。短短的一句话就定下了鲁肃跟诸葛亮之间的交情。

例如，"你是 ×× 大学毕业生？我也在 ×× 进修过两年啊。你还记得 ×× 吗？"

"你来自苏州？我出生在无锡，两地近在咫尺，今天得好好聊聊！走，有没有兴趣喝一杯？"

2. 敬慕式

对初次见面者表示敬重、仰慕，这是热情有礼的表现。但用这种方式必须注意，要掌握分寸，恰到好处，不能胡乱吹捧，不要说"久闻大名，如雷贯耳"之类的过头话。表示敬慕的内容也应该因时、因地而异。

锲而不舍，由浅及深问到底

人与人相遇，并不是无话可聊，而是没有找到适合双方的话题。这样的话题常常需要一个试探的过程，而要想经历这个过程，就要有锲而不舍的精神，不能因为一两次的受阻就不再问下去。问得越深、越广、范围越大，就可能找到尽可能多的谈资。

在某些沉闷的环境里，没有人愿意开口跟陌生人说一句话，那是出于一种防备心理，在这种时候，该怎么办呢？你也要一直沉闷下去吗？

假如你正坐在火车上，已经坐了很久，而前面还有很长很长的路程。你想与他人讲讲话，而且要尽力使你的谈话显得有趣和富有刺激性。你该怎么做呢？

坐在你旁边的人像是一个有趣的家伙，而你颇想知道他的底细，于是你便搭讪道：

"真是一段又长又讨厌的旅程，你是否也有这种感觉？"

"是的，真讨厌。"

他回答着，而且语调中包含着不耐烦。

"若看看一路上的稻田，倒会使人高兴起来。在稻谷收获之前的一两个月，那一定更有趣吧？"

"嗯，嗯！"他含糊地答应着。

这时，如果你再也没有勇气问下去，你们的谈话就会到此为止，沉默就会继续。但如果你不再只是问一些表面问题，而是换一个稍微深入的，能引起他兴趣的话题，对方可能就不再沉默了。

"今天天气真好啊，真是适合踢球。今年秋天有好几个大学的球队都很出色，你对这件事有关注吗？"

这时，那位坐在你身旁的乘客直起身来。

"你看理工大学球队怎么样？"他问。

"理工大学球队很好，虽然有几个老将已经离队，但那几位新人都很不错，对这个球队你也关注？"

"嗯，是的，你曾听到过一个叫李小宁的队员吗？"他急着问。

或许李小宁这个人你听说过，或许没听说过。这都不是关键，关键是李小宁这个人能引发对方的谈话兴趣。你就可以顺着他的话说："他是一个强壮有力、有技巧，而且品行很好的青年。理工大学球队如果少了这位球员，恐怕实力将会大减。但是李小宁毕业了，以后这个队如何还很难说。怎么，你认识他？"

这位乘客听了这话便兴高采烈、滔滔不绝地谈了起来。

可见，人与人之间的相遇，并不是无话可聊，而是没有找到适合双方的话题。挖掘到对方最感兴趣的话题，让原本陌生的两个人逐渐熟悉起来，谈话气氛也会变得融洽。

面对陌生人的时候，为了迅速打开话匣子，可熟练掌握以下几种方法：

1. 从对方的口音找话题

对方的口音可以告诉我们他大概的出生地或者居住过的地方，从此处入手，就可询问相关的风土人情、著名人物等问题，激发对方的谈话欲望。

2. 从与对方相关的物品找话题

对方携带的东西通常跟他的兴趣和爱好有关，从此处入手，更容易打开对方的话匣子。如果对方拿着一本体育杂志在看，一句"你是喜欢体育吗"，就会让双方的距离瞬间缩短很多。

3. 从对方的衣着打扮找话题

一个人的穿着常常反映他的品位，如果从他衣服的品牌开始交谈，沟通或许会更加融洽。

做足功课，提前摊牌

主动抛出问题，就会打乱对方的心理节奏，让他自乱阵脚，自己也会逐渐在对话中占据优势。

小董是一家公司的业务员，刚上班不久就被派到外地去收欠款。欠钱的是一家实力不弱的公司。临去之前，小董还特意调查了对方的资料：实力雄厚，老板为人正直。小董想，之所以钱一直要不回来可能是因为旧账的缘故，业务员换了好几个，程序都接不上了，这次他好好跟对方说说，应该没什么大问题。但是，直到他见到那个老板，小董才知道，他把事情想得太简单了。

小董："您好，您是这家公司的老板吧？我是××公司的业务员，我是为那笔旧账来的，您应该知道吧？"

那人一听，眉毛一横。

"旧账？什么旧账？我从来不欠人家什么。"

没想到对方会抵赖，小董就拿出了账单，说：

"要不您看看？我说得没有错，不然会来麻烦您吗？"

那人看都不看就把账单扔到一边。

"什么账单？我不看，别浪费我时间了。"

小董一看，对方确实不好对付。不能再任由他这样下去了。他不认账，小董就主动问。

"你赖账也罢不赖账也罢。白纸黑字都在这写着呢，2005年20万块钱的货是怎么回事？一个叫李明的业务员从我们公司拉了货就回来了，说过几天就给钱，这都过了多少天了？钱呢？你可能会说你们公司没这个人，告诉你吧，来之前我都打过电话核实了，人还在你们公司里，哪个部门我都知道。"

"胡扯，根本没有这事。"

"还想抵赖，2005年6月份还有一笔货款没结，也说过几天。我们觉得是老客户就没追着催，这账单上都写着，上边还有你的签字和指纹，你不会说这些也是假的吧？"

"哪有签字？哪有指纹？"那人嚷着要抢账单，小董赶紧躲开了。

"来之前我已经想好了，能自己解决就自己解决，不能解决的直接跟相关部门汇报，你要是威胁我的人身安全，我就打110，没想到我会这么做吧？还想一直赖下去吗？"

之前一直非常嚣张的欠债人听到小董要报告相关部门，突然紧张得一句话也说不出来。如果被处罚，公司的损失肯定会更大，在整个业界的声誉也会非常坏。想到这里，那人就软了下来。

"年轻人，不要冲动嘛，有事好说，我也是小本经营啊。"

"既然知道做生意不容易，为什么还要为难我们？非得让我这样你才满意？"

"好，好，我还你们欠款，今天就办。"

当遇到一个蛮横的人的时候应该怎么办呢？当这个蛮横的人又恰好欠了你东西就是不还的时候，又该怎样处理？相信，这样的问题让很多人都有挠头之感。但是，他的强硬是一贯为之呢还是欺软怕硬呢？

小董开始本想用和风细雨的方式让对方还钱，他想在循循善诱间让对方明白欠债应该还钱的道理。对方提一个问题自己就回答一个。渐渐地，小董察觉到对方一直在用这种方法抵赖，而他的蛮横也让小董明白软弱被人欺。他就决定主动出击，将问题在对方问出或者躲避之前一一抛出，让他没有退路。同时，在气势上压倒他。

直到小董说会将欠债的事上报上级领导，质问对方怕不怕，欠债方才彻底服软。先前的嚣张气焰不见了踪影，取而代之的是配合。小董问到了对方的痛处和畏惧的地方，他当然只有"束手就擒"的份了。试想一下，如果小董不问这样一个问题，对方可能会一直抵赖下去，心理上一直保持强势状态。主动抛出问题，就会打乱对方的心理节奏，让他自乱阵脚，自己也会逐渐在对话中占据优势。

有些人的强大是装出来的，为了达到自己的私利用假象迷惑别人，外强中干。这样的人，通过外在并不能看出什么端倪，只有通过交谈，才知道他的强大到底是实还是虚。而最佳的交流方式之一，就是先将存在的问题抛出，而不是被动地接受问题。

主动抛问题代表一种强烈的寻求掌控权的思维模式，只有有了掌控权和话语权，对方的思想才能渐渐被你掌握，掌握了一个人的思想，他的心思还会无法看透吗？

投桃报李，亲近之人也需要关心

生活中，不管是亲戚还是其他有紧密关系的人，一旦要麻烦他为自己办事，就可学着嘴甜一点，腿勤一点，多给对方一种被关心、被呵护的感觉，他自然而然会给你提供帮助的。

李凌今年27岁了，能力很强，做过几年生意，小发了一笔。但他不满足，总想干个大点的生意才过瘾。刚好村里的鱼塘要对外承包，他有心把池塘承包下来，只是手头上的资金不够。

他左思右想，想到了他的一个远房亲戚，是他母亲的表弟，按辈分应该叫老舅，在县城承包了一个企业，经营得不错，是县城有名的"土财主"。可是李凌想到自己与他关系疏远，好长时间没有走动了，贸然前去，显得突兀不说，事情还肯定办不了。怎么办呢？他决定先把关系搞好，和这位老舅亲近起来。他打听到这几天老舅身体不太好，时常犯病，就看准时机，拎了一大包的滋养品，来到老舅家。

"老舅啊，有些日子没来看您了，您老人家怎么病了啊？年纪大了，可要多注意身体，别太操劳了。今天给您带了些东西过来，补补身子，您不会嫌少吧？"

李凌非常热情地说着，并把东西放到老舅的桌子上。

俗话说："礼多人不怪"，虽说两家好长时间不走动了，但今天外甥拎了那么多的东西上门，而且是在自己生病的时候，这位老舅心里格外高兴：

"小子，你今天能过来，老舅我就别提多高兴了。今天中午咱俩喝两杯。"

于是，李凌就留下热闹了一番。

自此，两家关系好了起来。以后李凌隔三岔五地来看他老舅。不是问他身体怎么样，就是问他最近想吃什么，面面俱到。看到李凌这么关心自己，老舅也非常高兴，视李凌如亲生儿子一般。李凌一看时机成熟了。这天他拎了两瓶酒到了老舅那里，两人喝了起来。

李凌说："老舅，上次我给你买的补品吃完了吗？吃完了的话我再给你买。"

"不用了，太破费了，还有好多没吃完呢。孩子，我看出来了，你对老舅不错，我是你长辈，往后有什么困难尽管和我开口。"

李凌一听，激动万分，连忙把承包鱼塘的事情说了。

老舅听了之后说：

"好啊，有志气，有魄力，老舅大力支持……做人就应该干一番事业。想法很好，不过具体做时一定要慎重，年轻人千万不能急躁。"

李凌连忙点头称是，接着把资金短缺的事情也说了出来。最后，李凌顺利地从老舅手里借到了3万元并承包了鱼塘。

无论求谁办事，即使是和自己关系亲密的人，有血缘关系的亲戚，也要懂得投桃报李。

李凌想承包鱼塘开创一番自己的事业，但是缺少资金。就在不知如何是好的时候，他想到了自己的老舅。老舅家底殷实，可以在资金上给予他支持。但李凌明白一个道理，即使是亲戚，求他办事的时候也要注意方法，不能想当然，也要懂得适时给予回报。

现在的很多亲戚交往中，存在着一种误区，那就是：亲戚关系是一种血缘、亲情关系，彼此都是一家人，互相帮忙办事都是分内之事，都是应该的，没必要像其他关系那样客套。其实，这种想法是不对的。血缘关系虽说是"割断了骨头连着筋"，但亲情的维护与保持也在于彼此之间的相互帮助与知恩图报上。

所以，在故事中，看见李凌这么关心自己，他的舅舅也非常高兴，尤其是李凌对其嘘寒问暖的时候，他的心里也暖暖的。猜想一下，即使舅舅知道李凌是为了让自己帮他才这么做的，舅舅也会心甘情愿地帮他。明白事理的孩子总是招人喜欢的。当然，这其中更关键的是他的问话，人毕竟是感情动物，还是听觉动物，听到别人关心自己的生活起居，就会有一种感动油然而生，有了这种感觉，办事就会容易许多。

下篇 | **运用心理学，口才服天下**

求职面试，实话巧说顺利通过

这壶不开提那壶

金无足赤，人无完人，当招聘方提到你的短处时，如果你想刻意掩饰，尤其是那些显而易见的短处，恐怕会招致反感。最好的办法就是"这壶不开赶紧提那壶"，扬长避短，不是完人但可以尽量向完人靠拢。

有面试经验的人通常坦然承认自己的缺点，但他们很有技巧，在谈个人缺点时，模糊掉这些缺点所带来的弊端，将缺点过渡为优点。例如：

求职者的简历上有明显的留级记载。

"你为什么留级一年？"主考官这样问，求职者可以这样回答："我也觉得留级一年很不应该，当时我担任社团的负责人，全身投入到社团活动上，反而忽略了自己当学生的本分，等我察觉到这个错误时，我已经留级了。虽然我花在社团的心血，也带给我不少的收获，可是一想到自己因此而留级，就觉得很可耻，我一直都为此事耿耿于怀，更不愿重蹈覆辙。"

首先，他给主考官留下了一个主动承认错误、知错就改的形象。其次，主考官听了他的回答后会认为虽然留级一年，但造成这种结果的原因却是带有良性的，他会猜测该求职者的社交、组织能力很不错。由此，该求职者实现了从缺点到优点之间的平稳过渡。

对于别人当面评价你的缺点或短处时，你也可以淡化缺点，避而不谈，转向其他的优点。

在某公司应聘部门经理的面谈中曾有这样一段对话：

问："你不认为自己做这项工作年轻了些吗？"

答："我已经23岁了，事实上，下个月我就23周岁了。尽管我没有相关的工作经历，但我却有整整两年的领导校学生会的工作经验。前年年初，我被推选为该年度的校学生会主席，之后又连任一年。你们可以想象，管理组织3000名学生，并非易事，没有一定的管理才能和领导艺术，是无法胜任的。所以，我认为，年龄固然能说明一定的问题，但个人的素质和能力更为重要。因为这正是一个部门经理所不可缺少的。"

这是一种典型的扬长避短式的回答。答者极力宣扬个人的长处，并把自己的长处同应聘的工作有机地结合起来，意在变不利为有利。

面试中经常会被问一个问题那就是："你认为自己最大的弱点是什么？"

这是一个棘手的问题。如果照实回答，你可能得不到这份工作，如果回答没有什么缺点又实在不能令人信服。招聘官试图使你处于不利的境地，观察你在类似的工作困境中将做出什么反应。

完满的回答便是用简洁、正面的介绍抵消缺点本身带来的不良效果。请记住以下几个原则：一是不宜说自己没什么缺点；二是不要把那些明显的优点牵强地说成缺点；三是切勿不经思量地说出那些严重影响所应聘工作的缺点；四是不宜说出一些令人不放心、不舒服的缺点；五是可以说出一些对于所应聘工作表面上看是缺点，从工作的角度看却是优点的缺点。

巧妙地运用以上的方法，便能漂亮地解决这个棘手的问题。例如：

"朋友们都说我做事情过于追求完美，以至于有些吹毛求疵。记得学校校庆时我负责宣传板报的制作，返工了 4 次，被和我做搭档的同学埋怨了好久。"这样的回答，说的虽是自身的缺点，但却表现了正面的效果，体现了你对工作的认真和负责。

一个人有缺点并不可怕，可怕的是不敢承认它、改正它，反而强词夺理。从辩证的角度看，缺点与优点是可以相互转化的，前提是要正确地认识缺点，实实在在地改正缺点。"横看成岭侧成峰"，就缺点本身来讲，有些"缺点"对某些工作来说恰恰是优点。对有缺点的人来说，无论是消除误会，还是坦然承认，都会使消极评价转化为积极的评价。

讨价还价不难启齿

在谈及薪酬时，不要以为面试官第一次所报出的数目就一定是他们决定付给你的最终价格，如果觉得不满意，不妨适当表达自己的意见。

但是，在求职面试这样的情景之下，开口谈钱是一件让人左右为难的事。主动问吧，怕被人看成是斤斤计较、只顾追求金钱利益的人，弄不好还要得罪招聘方；不问吧，自己心中又过不去，万一等到最后才发现薪酬低得令自己难以接受，岂不是竹篮打水一场空？很多大学生在求职面试时由于缺乏社会经验，对于用人单位提出的薪酬要求更是讳莫如深，难以启齿，通常支支吾吾半天仍是词不达意。其实工作也是为了生存生活，薪酬问题也并不是一个那么潇洒的、无关紧要的问题。

我们必须明白在求职过程中，求职者总是要面临薪水问题的，总免不了讨价还价。有经验的求职者，把讨价还价同展示自己的智慧与实力有机地结合起来，通过谈判，既争取了预期的待遇，又展示了自己的能力，可谓是一举两得。

但是，目前有一种说法，即在择业过程中，最好不要问自己的薪酬，否则可能引起招聘者的反感。

这就给应聘者出了一道难题。其实，问题的关键并不在于该不该问薪酬，而在于问这个问题要把握好时间、地点和发问的方式。

在人才交流会上，当你递交应聘资料时，可以不失时机地问一声：这个岗位的收入大约是多少？由于交流会人多嘴杂，招聘者忙得焦头烂额，很可能在不经意中透露出真相。如果他不愿回答甚至有反感，由于此时乱哄哄的，他也不大可能耿耿于怀地记住你。

但正式面谈时又另当别论了。情况要复杂些。

一些求职者，尤其是应届毕业生，初次面对求职，由于不知道如何回答薪酬问题，常常对于招聘方提出的此类问题讳莫如深。如果招聘方是在面试初期提出这个问题，通常可能是对你的试探，千万不要轻易开口，最好的回答是："我很愿意谈论这个问题，但是能不能先请你谈一下工作内容？"或者说："在你决定雇用我，我决定在这儿工作之前讨论这个问题还为时过早。"大多数情况下，这样的说法都是得体而奏效的。

但在面试后期，即使你一再避免谈及薪水，也仍然会有面试官要求你正面回答这类问题。这时，你就要有技巧地回答。

薪酬问题一定要说，但是说多少呢？这时的难题是：要价太高，会"吓"跑老板，让人产生"狮子大开口""自视过高"等不够谦虚的负面印象；要价低，则很可能将来进了公司发现跟自己同等职位的同事们都比自己拿得多，觉得委屈不说，往往还会影响工作的热情，吃哑巴亏。因此，这个时候给自己"算"出一份合理的薪水是很重要的，那么，究竟该怎样算出自己的"定价"？

一般来说，大多数职位在市场中都会有一个比较公认的薪酬价格，当然，这些行情价也会因公司的性质、规模大小、行业的不同等而有不同的弹性。比如，同是文员，外企和中小型公司相比，薪酬就会相差很远。因此，在求职前你首先需要做的就是把你要应聘的职位在同等类型、规模的公司里的行情价打探清楚。

行情价只是大致标准，弄清楚后，你要做的就是考虑怎样去讨价还价，为自己争取应得的利益。在这里面，你所应聘职位的可替代性大小在很大程度上决定了你讨价还价的资本有多少。职位可替代性越小的（一般来说都是偏于技术性、技能性等方面的工作），还价的资本就越高，你也就可以放心地提出自己的要求。如果是可替代性大，没了你谁都能干的那一种，则劝你还是少还价为妙。另外，职位越高的工作，还价允许的幅度也就越大，反之，则越小。

工作经验和学历在不同的行业、公司里也有不同的分量。如果你要应聘的是管理方面的工作或是技术工种的工作，那么你拥有的工作经验将是非常重要的，这也会极大地影响你可能会得到的薪酬。至于学历，则要看你的工作对学历的要求度是多少。一般来说在大公司里，高学历被认为代表着高素质，学历当然比较重要。而对于一些小公司来说，也许他们更情愿要一般的实干型人才。所以，自己的经验和学历值多少，在定价的时候还得掂量掂量，做到心中有数。

薪酬定位明确以后，还要学会讨价还价。

涉及工资时，应坦然地与主考官交谈，说出自己的要求，只要工资要求合理，就不会改变自己在主考官心目中的印象。

在谈及薪酬时，不要以为面试官第一次所报出的数目就一定是他们决定付给你的最终价格，如果觉得不满意，不妨适当表达自己的意见。求职时关于薪酬的讨价还价不仅是对自身利益的捍卫，甚至可以反映求职者的智慧、才识以及对行业的熟悉程度。

一般情况下，招聘单位很少会给你超过你最初提出的薪水数目。因此，谈判时则应注意避免自己先主动亮出底牌，而应让面试官先报出他想给的薪酬，后发制人，才有回旋余地。如果对方报出一个合乎自己意愿的数字，也不要喜形于色，沉默一下，显得像是对这个数字不感兴趣的样子，然后在面试官报出的价格上提高15%～20%，并再次强调自己拥有的一些特殊资格。但如果你发现他们的第一次报价就是唯一，可以略为沉吟，再落落大方地表示可考虑先接受下来试试。

在谈判过程中，如果用人单位坚持让你先开价，可以以一些该职位的通常薪资是怎样的为铺垫，再告诉其一个大致的薪酬范围。真正有诚意的用人单位都明白，只有提供了合理的薪金，才能调动员工的积极性，留住人才。理想的薪酬应是用人单位和求职者双方都能接受的，而求职者应表现一定的灵活性。

总结起来，面试谈到薪酬问题有几个注意点：

（1）切勿盲目主动提出希望得到的薪酬数目。

（2）尽可能从言谈中了解，用人单位给你的薪酬是固定的还是有协商余地的。

（3）面试前设法了解该行业薪酬福利和职位空缺情况。

在协商过程中，如果用人单位要你开价，可告诉其一个薪酬幅度。如他一定要你说出个明确数目，可问他愿意付多少，再衡量一下自己能否接受。

工作谈判不能像其他谈判那样，一味设法提高对方开出的条件，而对方就只顾压低你的价钱。把原来和谐的气氛弄成敌对的局面，这对你实在没有好处。

一旦出现僵局，不妨把话题转移到有关工作的事情上。例如，对方有心压低你的薪酬，就可将话题转移到你上任后有何大计，如何扩大市场占有率和如何降低产品成本等，这样原来紧张敌对的状态，很快便会变成同心协力的局面。

谈薪酬的时候，不一定只拘泥于薪资本身。不妨在谈的过程中强调薪水和你应聘职位的关系。让招聘官听到的不光是你说的那个数目，而且还对你的回答留下如下的印象：薪酬是重要的，但你更在乎的是职位的本身，你喜欢的是这份工作的内容和挑战；你所报出的数目是因为后顾无忧的待遇将更能让你在职业安全的条件下发挥自己，为公司带来更大的效益。

如果你是个有一定工作经验的人，则不妨提一下以前的工作薪水，这样很容易给面试公司一个比较明确的参考答案。当然，前提是你先让招聘官相信你所有的技能、经验契合这个职位并且值这么多钱。

如果受公司预算限制，甚至比你现有或以往的薪水还要少。只要你认定这是一份理想工作，不妨暂时不谈薪水。待对方认定你是最佳人选，再尝试以职位及工作为由，多要求些福利津贴。

自我介绍有说法

自我介绍并不是随心所欲地进行的，一个良好的、恰到好处的自我介绍能给主考官留下深刻的印象，反之则会让你的面试一开始就一塌糊涂。

求职面试时，招聘者手中往往拥有许多求职履历表，这里面的应聘者个个都有优点，所以招聘者想知道你和别人相比有什么独到之处。在能力相同的情况下，那些求职者之所以能够成功，关键在于他们在做自我介绍时的出色表现。

自我介绍是有讲究的，可以从以下几个方面来着手。

1. 彬彬有礼

在做介绍前，要先对主试官打个招呼，道声谢，如："经理，您好，谢谢您给我这么好的机会，现在，我向您做个简单的自我介绍。"介绍完毕后，要注意向主试官道谢，并向在场面试人员表示谢意。

这能给主试官留下很好的印象。没有人会拒绝谦恭的态度。

2. 主题明确

在做自我介绍时，最忌漫无中心，东扯一句西扯一句，或者陈芝麻烂谷子事无巨细都一一详谈，让人听了不知所云。求职面试中的自我介绍宜简不宜繁，一般包括这些基本要素：姓名、年龄、籍贯、学历、学业情况、性格、特长、爱好、工作能力和工作经验，等等，对于这些不同的要素该详述还是略说，应按招聘方的要求来组织介绍材料，围绕中心说话。假如招聘单位对应聘的人的工作能力和工作经验很重视，那么，求职者就得从自己的工作能力及经验出发做详细的叙述，而且整个介绍都是以这个重点为中心。

3. 让事实讲话

在自我介绍中，要尽量避免对自己做过多的夸张，一般不宜用"很""第一""最"等表示极端的词来赞美自己。在面试场上，有些人为了让面试官对他留下深刻的印象，往往喜欢对自己进行过多的夸张，如"我是很懂业务的""我是年级成绩最好的一个"，总是喜欢带着优越的语气说话，不断地表现自己。其实，如果对自己做过多的夸耀，反而会引起面试官的反感。

谈论自己的话题，应避免一些夸大的形容词，把话讲得客观真实，尽量用实际的事例去证明你所说的，最好用真实的事例来展示你的才华。

4. 愉快自信

许多人在推销自己时缺乏勇气，这或许是怕引起别人反感的缘故。而在平时生活中也常常听他们说："我有什么好说的。你们天天不都看见了吗？"这就使他们养成从不自我评价、自我展示的习惯，可到了要谈论自己时，免不了有些难以启齿。

范萍萍去面试，整个过程中她的声音都如蚊蝇，特别是谈到自己时，更显得羞于张口。后来她打电话给公司秘书，公司秘书非常为难地告诉她，面试官说，你那么小的声音，显得对自己不自信，缺乏活力，也缺乏必要的应酬能力。范萍萍拿着电话筒哭了起来。

5. 好牌留到后面出

当你有了不起的业绩时，或者你有足够的资历经验能胜任这项工作时，不要在"自我介绍"中和盘托出，要给自己留一手，一开始就说出"伟大业绩"会给人自吹自擂的感觉，引起人反感，留在后面说，会给人以谦虚诚实的印象，使面试官对你刮目相看。

最后要提出注意的是，我们必须学会"瞬间展示法"，因为现在许多企业特别是外资企业和合资企业，都喜欢采用"一分钟录像"的办法来选择人才。所谓一分钟录像，就是只给应聘者一分钟的时间，让他们利用这短暂的时间来介绍自己，同时录像，然后拿给招聘者观看。

如果招聘单位使用"一分钟录像"的方法录用人员，那么求职者在一分钟的时间里，如何充分地表现，如何更多、更好地让对方了解自己，便成了求职成功的关键所在。因而，要求应聘者必须在短短的一分钟内，最有效、最充分而又最简洁地表现自己，从而获得求职成功。这种策略称为"瞬间展示法"。

"瞬间展示"法的求职技巧主要包括以下两个方面：

其一，精选一分钟录像内容。由于是一分钟，时间很短，因此说话内容不宜太多、太繁杂，着重讲好以下几个方面即可：

自己的简历、家庭状况；

自己的专业、主修的课程；

所曾担任过的社会工作；

对自己未来工作的简单设想；

应聘的态度；

自己的抱负和理想。

其二，一分钟内注意的事项：

在服装方面要着意打扮一下，衣着整洁将会给人一种美的感觉，也是社交活动所必备的。

切忌蓬头散发，不修边幅。

镇定自如，不要紧张。

礼仪周全。开始时，先要说声"你好"，然后再做自我介绍，最后不要忘说"谢谢"。

内容要简单精练。

说话声音要高低适中，吐字发音要清楚。

在做自我介绍时，有一些应聘者常犯的毛病在这里我们特别提出来强调，希望大家注意：

1."我"字连篇

千万不要以为"自我介绍"最应该用的字是"我"字。当面试官说："谈谈你自己吧！"一名应试者十分巧妙地回答："您想知道我个人的生活，还是与这份工作有关的问题？"他把应该用"我"字打头的话，变成"您"字打头。

老把"我"挂在嘴边的人，易使人反感，受人轻视，被认为是强迫性的自我推销。所以，要经常注意把"我"字变成"您"字。"您以为如何呢？""您可能会惊讶吧？""您一定觉得好笑。""您说呢？"把自我介绍变成与面试官之间沟通的谈话。

2. 空泛无物

许多人往往急于介绍自己、推销自己，却因为讲话空泛无物，而引起面试考官的怀疑。

吴小京去某报社应聘业务主管，主持面试的负责人问他："你日常的兴趣是什么？"他说是爱看书。主试官问："你爱看什么书？"吴小京回答说："爱读西方经济学著作。"主试官又问："主要是哪些著作？"吴小京搜肠刮肚偏偏一部著作也想不起。其实他的确读了一些，只是时间太长了，近日根本没有摸过这类书，一时想不起书的名字。吴小京满以为可以把自己塑造成爱读书、学识渊博，有能力胜任主管工作的人，但由于介绍不"畅"，反而给主考官留下了爱吹牛皮的嫌疑。结果，他没有收到录用通知。

3. 说话不留后路

自我介绍最忌吹嘘，夸海口。大话一旦被拆穿，面试很难再进行下去。

小张去应聘一家国际旅游公司的导游，他自我介绍说："我这个人喜欢旅游，熟悉名胜古迹，全国的大城市几乎都去过。"面试官很感兴趣，就问："你去过杭州吗？"因为面试官是杭州人，很熟悉自己的家乡。可惜小张偏偏没去过杭州，心想若说没去过这么有名的城市，刚才那句话不是瞎吹吗？于是硬着头皮说："去过！"面试官又问："你住在哪家宾馆？"小张再也答不上来，只好支吾说："那时没有钱，只好住小旅馆。"面试官又说："杭州的名小吃你一定品尝过？"小张照样说："那时没有钱，就一心看风景，没有去吃小吃。"面试官偏偏只问关于杭州的事，小张语无伦次，东拉西扯，答非所问，最后终于不能自圆其说，谎言被当场识破，让主考官十分反感，面试一败涂地。

谨慎回答离开"老东家"的原因

对你的前任上司切不可妄加评论，要知道现在招聘你的考官可能就是你未来的上司，既然你可以在他面前说过去的上司不好，难保你今后不在上司面前对他说三道四。

"你为什么离开前职？"主考官心里有数，知道许多人是因为讨厌上司而辞职不干的，他们自己也可能因为同一原因换过几次工作。但是没有多少雇主喜欢听这种话。

惠普公司的副总裁麦克·李弗尔说："我想不通为什么有些人希望我录用他，却又去谈他和上司有冲突。那等于拉起了警报。"

你为什么要换工作？对于这个问题，主考官希望听到的是审慎的自我分析。洛杉矶的招募员霍华德·尼奇克告诫说："不要说：'我想试一试另一份工作。'我听了会这么想：'此人自己的方向都没搞清楚。'"你应该说，以你的能力、个性和志向，做这新工作更适合，或者说，你想增加一些能助你取得更大成就的新经验。

例如："在原公司销售科工作了两年后，我学到了许多有关营销方面的知识。现在，我想学点别的"，或者"现在，我想学点新东西，而贵公司则是我最中意的"。不过，要是你确实因与老板发生冲突而被解聘，那么，你最好主动把事情原委告诉他们，而不要让他们先问你。话要说得既明确又有艺术性。例如："在管理形式方面，我和原公司的一位新金融主管存在着分歧。不过，我们双方对此表示理解。"

总之，有很多敏感原因不可以随便说，必须考虑周全。

一个人要在社会中生存，就得与各种各样的人打交道，挑剔上司说明你对工作缺乏适应性。

关于领导层频频换人给你的工作带来了不便这样的原因，也不可直接脱口而出。工作时间，你只管做自己的事，领导层中的变动与你的工作应该是没有直接关系的。你对此过于敏感，也表现了你的不成熟和个人角色的不明确。

如果你是因为前单位薪水太低并如实相告，面试考官一定认为你是单纯地为了收入，而且太计较个人得失，并且会在心里说："如果有更高收入的单位，你肯定会毫不犹豫地跳槽而去的。"这种理念一旦形成，会对你面试不利。

刘羽原在一家效益较差的企业搞宣传工作，到现在的单位应聘时，考官便问他："你是不是觉得原来收入太少，才跳槽过来的？"刘羽说："在原单位我的工资还算高的，关键我学的是财会专业，又有会计师职称，来应聘会计职位是最适合不过的了。"

在回答这类问题的时候，求职者既要表明你对原单位的薪金不满，又要表明这并不是你离开原单位的主要原因。这样既有利于你在新单位获得更高的薪金，又让面试考官觉得你并非只是因为薪金问题才离职的。

"你能否描述一下你离开以前所供职单位的原因？"这类问题在面试时经常会被问及，面试官能从中获得很多关于你的信息。因此，你在回答这个问题时应该集中精力。

像上班路途太远、专业不对口、结婚、生病等人们都可以理解的因素，可以作为你回答的内容，这些因素跟你个人品质无很大的关系，容易让主考官接受。

不打没有准备的仗

尽可能考虑到可能会被问到的所有问题，给每个问题一一找出满意的答案。

两年前，李仪离开了工作3年的国企，跳入"海"中，做了一名普通的销售人员。当时，她没有对自己提出过高的要求，因为她觉得市场并不一定认可她在国企的辉煌。

李仪为自己整理思路：自己3年的国企工作经验可以看作是一个纵向坐标，她了解房地产从物业到开发的全过程；如今，市场是个横向坐标，她需要对行业进行全面了解。

她熟悉房地产流程，经历过财务、销售、策划、管理、客户、培训等各个环节。

一次，李仪参加一个大型的人才招聘会，来到一家心仪已久的公司。"这么大的人才招聘会，我只关注两个公司。最后还是把简历投给贵公司。"李仪递上简历，非常真诚地告诉考官。

主考官立刻有了兴趣，试探着说了一句："你对我们的期望别太高。"

李仪的话接得很有技巧："我从事这行的培训，从第一家到最后一家，经典案例始终是你们。现在，我想亲眼看看我听过的经典案例到底是怎样运作的。"

主考官立刻被她的话所吸引，心里暗暗觉得：该求职者一定做了很充分的准备，她对我们的业务掌握得如此清楚。就这样，李仪赢得了面谈机会。

在面谈中，经过一番问答之后，主考官允许应聘者发问。李仪的第一个问题就引起考官的兴趣："在刚刚评选出的金牌发展商中，你们处于哪个档次？""据我估测，你们的收入应该是……那你们的转型是怎样操作的？"

一个接一个的问题让主考官惊讶异常："你对我们经营策略之了解，如同你是策划者一样。"

总结经验，李仪认为，自己之所以每次都与考官相谈甚欢，与充分的前期准备分不开。如果对一个公司很了解，这会让招聘者感到轻松。因为他没有时间磨合，他希望你是个熟手。

对话开始时，应聘者以说为主，考官以听为主。经过5分钟一个回合的交手后，应聘者应该对考官的兴趣有所了解，并成功调动他发言的积极性，应聘者应站到听众的位置。

在这种交锋中，应聘者不应该是简单的敷衍或附和考官。经验说明，有时谈一些敏感的问题是吸引考官注意力的好手段。对于自己，也要提出一些问题：

我是否已了解了这项工作的要求？

如果对方问："你为什么要到我们公司来工作呢？"我能否予以有力而理想的回答？

我要不要坦率、愉快地回答主试者的各种问题？

除了展示我的资历和背景之外，我能否让对方相信我具有发展的潜力？

要试着从主试者的角度考虑问题。你所具有的专业经验、资历及兴趣之中有哪些符合他的要求，并能说明你正是他所寻求的对象。把这些有条有理地做好准备。

尽可能考虑到可能会被问到的所有问题，给每个问题一一找出满意的答案。这个办法连总统也不例外。举行记者招待会前，尼克松总统的幕后人员会为他提供一份资料，上面列出了可能被问及的各种问题，还有一些资料摘要，以便于总统准备对答。总统要把这些资料消化掉，甚至他进行对答的语言都要事先做好安排。当然，你未必能拥有像总统那么丰富的资料来源，但还是应尽你的力量在面谈前把一切准备妥当。千万别打没准备的仗。

底气十足赢三分

说话的底气来自内心的勇气和自信，将它们展现于主考官面前，才有说服力使他相信你的能力和决心，放心把工作交给你。

世界上每天都有不少年轻人想挑战新的工作，他们都希望能登上最高阶层，享受随之而来的成功果实。但是他们绝大多数都不具备必需的信心与决心，因此他们无法达到目的。也因为他们相信自己达不到，以致找不到登上新岗位的途径，他们也一直只停留在原来的水平。

但是还是有少部分人成功。他们抱着"我就要登上顶峰"（这并不是不可能的）的积极态度来进行各种面试。这批年轻人仔细研究有经验的面试者的各种作为，学习那些成功者分析问题和做出决定的方式，并且留意他们如何应付进退。最后，他们终于凭着坚强的信心达到了目标。

吉拉德欲进入推销界的时候，曾因多次遭拒绝而感到极端沮丧，他的妻子搂住他说："乔，我们结婚时空无一物，不久就拥有了一切。现在我们又一无所有，那时我对你有信心，现在还是一样，我深信你会再成功。"就在这一刹那，吉拉德明白了一条重要的真理——"建立自己的信心，最佳途径之一，就是从别人那儿接受过来"。

吉拉德重新开始建立信心，他拜访了底特律一家大的汽车经销商，应聘一份推销工作。推销经理起初很不乐意。

"你曾经推销过车子吗？"经理问道。

"没有。"

"为什么你觉得你能胜任？"

"我推销过其他的东西——报纸、鞋油、房屋、食品，但人们真正买的是我，我推销自己，哈雷先生。"

此时的吉拉德已表明了足够的信心。

经理笑笑说："现在正是严冬，是销售的淡季，假如我雇用了你，我会受到其他推销员的责难，再说也没有足够的暖气房间给你用。"

"哈雷先生，假如您不雇用我，您将犯下一生最大的错误。我不抢其他推销员的店面生意，我也不要暖气房间，我只要一张桌子和一部电话，两个月内我将打破您最佳推销员的纪录，就这么定了。"

哈雷先生终于同意了吉拉德的请求，在楼上的角落里，给了他一张满是灰尘的桌子和一部电话。就这样，吉拉德开始了他的汽车推销生涯。不久，他真的成功了。当然这是后话了，而我们看重的是他这次成功的求职经历，其中信心与说话的底气起了很大的作用。

有的面试中，主考官会刻意加入一些压力面试来测验你的抗压能力。如果你退缩，表现不出足够的信心，面试十有八九都会泡汤。

所谓压力面试一般是指在面试刚刚开始时，主考官就风向一转，给应试者以意想不到的一击，以此观察应试者的反应。

比如，面试官会突然提出一些不甚友好或具有攻击性的问题，这时如果你能顶住压力，从容不迫，表现出你十足的把握，依靠这种志在必得的气势，面试成功的机会就多了几分。

说话的底气来自内心的勇气和自信，将它们展现于主考官面前，才有说服力使他相信你的能力和决心，放心把工作交给你。

如果你的目标是外企，那你一定会被问道："Do you have confidence in this position？"（你是否有信心胜任这份工作？）

你应该清楚，这不是一个"是"就能回答完毕的问题，但是，首先给予肯定的回答才能够显出你的信心。接着，你要描述你成功胜任过的相似的工作（记住，强调结果，因为结果是衡量成功的唯一标准）。如果你没有相关的经验，那么就信心十足地分析你的知识，还有你的性格，这些也是考官们考察的因素。虽然并没有一个回答的标准，但是只要以一种坚定与自信的口吻把你所具有的优势与这份工作的联系表达出来就是这个问题的一个完整的答案。

稳住情绪破僵局

你的情绪焦躁不安或是沉稳平和都会极大地影响你的发挥，因此当面试进入僵局时不妨面带微笑，沉思几秒钟，想好了再回答。

有过求职经历的人都知道，求职面试时，经常会碰到一些很难回答的问题，交谈因此陷入僵局，气氛也变得十分尴尬。遇到这种情况该怎么办呢？不要轻易放弃。如果因此就泄气的话，一切皆前功尽弃了。反之，此时如果能耐着心、沉住气，很可能会很快打破僵局。

来京求职的蔡小姐在连吃了几次"闭门羹"之后，又鼓起勇气叩开了气派豪华的某公司的大门。

人事部张小姐粗略地看了一下蔡小姐的简历后，说要把她引见给大老板，蔡小姐一听又惊又喜，她听说，大老板很少来北京，也算是巧合吧，竟被她碰上了。于是，她稍整衣服，走进那豪华的总经理办公室，一位天命之年的老板懒洋洋地说了声"请坐"，又忙起来了。

"您好，王总，这是我的简历，应聘贵公司商务代表。"为打破僵局，蔡小姐毕恭毕敬地递上去。"嗯。"总经理皱着眉看了起来，看过后随手把蔡小姐的简历塞进了旁边一叠材料的最下层。此时，蔡小姐的心陡落千丈，好比从平地猛然间坠到了万丈悬崖底。望着忙碌的老板顿时一股悲凉涌上心头，接下来的几分钟，自己觉得回答老板的提问有些机械、麻木。

"好了，你可以走了。"多次被拒绝和劳累使她倍感失望，刹那间，有种竭力想挽回的意念紧紧困扰着蔡小姐，她快速走到这位经理面前，坚定地说："王总，这次应聘我不想失败，因为我不怕任何竞争，我期待着未来的日子能与贵公司荣辱与共，我想，我能行，一定行……"说完，蔡小姐的眼眶有些发红，一周来的担忧、心酸都凝聚在里面，但她努力抑制自己的情绪保持坚强，从容地离开了……

第二天，正当蔡小姐要去另一家房地产公司面试时，她的手机响了，是王总的声音，他告诉蔡小姐，她的面试成功了。

职场中求职，四处碰壁，作为女孩子来说，比较脆弱，因此遭到对方强硬拒绝时，难免悲观、失望。这种时候，必须要稳住阵脚，镇定自然地面对，坚定地说出你的求职意愿，这样才有可能打破难堪的局面。

有些单位会在面试过程中故意制造障碍，给你很大压力，这时千万不可情绪慌乱，失了方寸。要看清问题的着眼点，一举击破。

求职者在遇到压力面试时，一定要注意以下几点：

看清问题。必须看透事情的本质，这对你泰然处之大有益处。要记住，压力面试的目的只是要测验你在压力之下的反应，而并非对你本人的恶意和攻击。

保持平静。不论情况如何的难堪窘迫，都不要将目光从面试官的脸上移开。每当他问过一个问题后，先用几秒钟的时间平静自己的情绪，再思考作答。

控制自己的语气。在面试的过程中，面试官的问题很可能刺激到你，这时不要因为气愤而反唇相讥，这只会显出你对自身情绪控制能力的不足。

抵制沮丧等负面情绪。在面试中，面对招聘官的突然翻脸，很多人的第一反应就是沮丧：是不是我哪里做错什么了？赢得职位怕是没希望了！还是那句话，记住压力面试的目的，只不过是在测验事情突然变得糟糕时，你是否有能力控制自己的情绪。

也就是说，求职者在遭遇压力面试时一定要稳住情绪，调整心态，从容应答，巧妙地绕开人为的阻碍，奋战到底。

谈判周旋，巧词让对方无力反击

唱好谈判的序曲

谈判的开局是实质性谈判的序幕。"良好的开端是成功的一半"，开局的好坏直接关系到整个谈判的前景。在开局阶段，人的精力最充沛，注意力最集中，神经也最敏感。有经验的谈判人员都十分重视开局的工作。

有一个非常重要的任务，就是通过对己方情况的介绍，将一些有价值的、对己方有利的信息传递给对方，显示自己的实力。这对谈判的深入进行乃至双方最终达成协议都有非常重要的意义。

谈判各方要能在谈判开始时，使对方感到，己方已经获取有关谈判内容以及对方需要的信息。从一定意义上讲，信息就是实力。如果缺少必要的各种信息，即使最有经验的谈判人员也会一筹莫展，寸步难行。这就要求谈判人员在开局时要正确地利用各种信息，公开地、明确无误地阐明己方的立场，并努力捕捉对方的各种信息，以此制定谈判的方式与策略。同时，要把自己真正的利益、需要和关注的重要问题有策略地藏匿起来，不透露机密的信息。

A 公司是一家实力雄厚的房地产开发公司，在投资的过程中，相中了 B 公司所拥有的一块极具升值潜力的地皮。而 B 公司正想通过出卖这块地皮获得资金，以将其经营范围扩展到国外。于是双方精选了久经沙场的谈判干将，对土地转让问题展开磋商。

A 公司代表："我公司的情况你们可能也有所了解，我公司是由 × 公司、×× 公司（均为全国著名的大公司）合资创办的，经济实力雄厚，近年来在房地产开发领域业绩显著。在你们市去年开发的 ×× 花园，收益很不错，听说你们的周总也是我们的买主啊。你们市的几家公司正在谋求与我们合作，想把他们手里的地皮转让给我们，但我们没有轻易表态。你们这块地皮对我们很有吸引力，我们准备把原有的住房拆迁，开发一片居民小区。前几天，我们公司的业务人员对该地区的住户、企业进行了广泛的调查，基本上没有什么阻力。时间就是金钱啊，我们希望能以最快的速度就这个问题达成协议，不知你们的想法如何？"

"很高兴能与你们有合作的机会。我们之间以前虽没有打过交道，但对你们的情况还是有所了解的。我们遍布全国的办事处也有多家选的是你们建的房子，这可能也是一种缘分吧。我们确实有出卖这块地皮的意愿，但我们并不是急于脱手，因为除了你们公司外，兴华、兴运等一些公司也对这块地皮表示出了浓厚的兴趣，正在积极地与我们接洽。当然了，如果你们的条件比较合理，我们还是愿优先与你们合作的，可以帮助你们简化有关手续，使你们的工程能早日开工。"

上述例子是谈判者通过简单的自我介绍暗显实力的成功典范。我们不止一次地强调，谈判双方是为了满足各自某种需要才走到一起来的。因此，要想与对方达成合作，你必须有能力满足对方的需要，而且你要确知对方是否同样有能力满足你的需要。谈判对手的实力是谈判者最为关心的问题。

因此，通过信息的交流，介绍己方的实力，取得对手的信任，是进行深入谈判和取得谈判成功的前提和基础。好的谈判者都非常注意在谈判初始阶段通过恰当的方式显示自己的实力，取得对手的信任，让其放心地与你一起谋求合作。比如上文例子中 A 公司的代表通过介绍本公司的背景和在某市的经营业绩，使对手对其信用和经营能力充满信心，这为未来的合作打下了很好的基础。

一个谈判者，需要让对手信任的方面有很多。比如你需要使对手相信你是满足他需要的最佳人选，你就应在介绍己方的情况时表现出你的坦率、真诚和满足他的需要的实力。如果你要使对手相信你是个兼顾双方利益，真诚谋求合作的人，你就应努力体现出你的友好与公正，等等。你最好还要使对手相信他选择了一个最好的谈判对手。

谈判的帷幕就是在双方的自我介绍中拉开的，奏响的序曲能不能做一个好的铺垫至关重要。而这里的序曲也就是通过简洁、扼要的对己方情况的介绍来表现自己的实力，取得对方的信任，抢占谈判中的主动权。

调好谈判的温度

序幕拉开后，谈判双方正式亮相，开始彼此间的接触、交流、摸底，甚至冲突。当然这也仅仅是开始，它离达成正式协议还有相当漫长的过程。但是在谈判开始阶段，你首先要做好一项非常重要的工作，那就是营造洽谈的气氛，调节好一个最恰当的环境"温度"，它对谈判成败有非常重要的影响。

谈判气氛是谈判对手之间的相互态度，它能够影响谈判人员的心理、情绪和感觉，从而引起相应的反应。倘若你经历过任何一次谈判，你对那次谈判的气氛都应该记忆犹新吧？那或许是冷淡的、对立的；或许是松弛的、旷日持久的；或许是积极的、友好的；也有严肃的、平静的；甚至还有大吵大闹的……

你也应当清楚，那种积极友好的气氛对一次谈判将有多大帮助，它使谈判者轻松上阵，信心百倍，高兴而来，满意而归。

卡耐基认为，对于任何谈判者而言，理想的气氛应是严肃、认真、紧张、活泼的。这可以说是总结了历来胜利而有意义的谈判气氛而得出的一个伟大结论。他建议每位谈判者努力为所进行的谈判营造这一良好气氛。

美国谈判学家卡洛斯认为，大凡谈判都有其独特的气氛。善于创造谈判气氛的谈判者，其谈判谋略的运用便有了很好的基础。我们有理由认为，合适的谈判气氛亦是谈判谋略的一个重要组成部分。良好的谈判气氛有助于谈判者发挥自己的能力。

谈判气氛有时是自然形成的，而多数情况下是人为营造的。不同的谈判气氛对谈判者来说都是能感觉到的。能运用谈判气氛影响谈判过程的谈判者自是精明之人，他们知道谈判气氛对谈判的成败影响很大。

谈判室是正式的工作场所，容易形成一种严肃而又紧张的气氛。当双方就某一问题发生争执，各持己见、互不相让，甚至话不投机、横眉冷对时，这种环境更容易使人产生一种压抑、沉闷的感觉。在这种情况下，己方可以建议暂时停止会谈或双方人员去游览、观光、出席宴会、观看文艺节目，也可以到游艺室、俱乐部等处娱乐、休息。这样，在轻松愉快的环境中，大家的心情自然也就放松了。更主要的是，通过玩游戏、休息、私下接触，双方可以进一步增进了解，消除彼此间的隔阂，增进友谊，也可以不拘形式地就僵持的问题继续交换意见，寓严肃的讨论于轻松活泼、融洽愉快的气氛之中。这时，彼此间心情愉快，人也变得慷慨大方。谈判桌上争论了几个小时无法解决的问题，在这儿也许会迎刃而解了。

谈判气氛形成后，并不是一成不变的。本来轻松和谐的气氛可以因为双方在实质性问题上的争执而突然变得紧张，甚至剑拔弩张，一步就跨入谈判破裂的边缘。这时双方面临最急迫的问题不是继续争个鱼死网破，而是应尽快缓和这种紧张的气氛。此时，诙谐幽默无疑是最有力的武器。

卡普尔任美国电报电话公司负责人时，在一次董事会上，众位董事对他的领导方式提出质疑，会议充满了紧张的气氛。人们似乎都已无法控制自己的情绪了。

一位女董事发难道："公司去年的福利你支出了多少？"

"900万。"

"噢，你疯了，我真受不了！我要昏了！"

听到如此尖刻的发难，卡普尔轻松地说了一句："我看那样倒好！"

会场意外地爆发了一阵难得的笑声，连那位女董事也忍俊不禁。紧张的气氛随之缓和下来了。

活跃气氛的另一种绝好方法就是寒暄。

寒暄又叫打招呼，是人与人建立语言交流的方法之一。它能使不相识的人相互认识，使不熟悉的人相互熟悉，使单调的气氛活跃起来，为双方进一步攀谈架设桥梁、以便于沟通情感。

刚与对方见面时，必定要说几句客套话，虽是客套，可也非常重要，值得注意。数分钟的寒暄，有助于气氛的融洽，有助于商谈正题气氛的营造。如果刚见面就开门见山，单刀直入，很容易让人觉得突兀，态度不免就会强硬，不利于商谈的展开。

邓小平和英国女王及其丈夫爱丁堡公爵会谈前的寒暄是富有启发意义的。

邓小平迎上前去，对女王说："见到你很高兴，请接受一位中国老人对你的欢迎与敬意。"

接着，邓小平说："这几天北京的天气很好，这也是对贵宾的欢迎。当然，北京的天气比较干燥，要是能'借'一点伦敦的雾就更好了。我小时候就听说伦敦有雾。在巴黎时，听说登上巴黎铁塔，就可以望见伦敦的雾。我曾经登上过两次，可是很遗憾，天气都不好，没能看到伦敦的雾。"

爱丁堡公爵说："伦敦的雾是工业革命时期的产物，现在没有了。"

邓小平风趣地说："那么，'借'你们的雾就更困难了。"

爱丁堡公爵说："可以借点雨给你们，雨比雾好，你们可以借点阳光给我们。"

这种寒暄，双方都说得十分高雅而得体。

邓小平的话说明英国贵宾的到来不仅占人和（中英友好），而且占天时（天气很好），也点明了邓小平在法国的经历，还表明了他对雾都伦敦的认识和了解。

爱丁堡公爵的答话流露出对英国环境治理成效显著的自豪感。至于借雨、借阳光，多少隐含着双方互通有无的意向。

可见，谈判前的寒暄对谈判气氛的营造能起到意想不到的作用。

总的来说，为了创造出一个合作的、良好的谈判气氛，谈判人员应做到：

寒暄恰到好处。在进入谈判正题之前，一般都有一个过渡阶段，在这个阶段双方一般要互致问候或谈几句与正题无关的问题。如来会谈前各自的经历、体育比赛、个人问题以及以往的共同经历和取得的成功，等等，使双方找到共同语言，为心理沟通做好准备。切记不要涉及令人沮丧的话题。

动作自然得体。动作和手势也是影响谈判气氛的重要因素。特别值得注意的是，由于各国、各民族文化、习俗的不同，对各种动作的反应也不尽相同。比如，初次见面时的握手就颇有讲究，有的外宾认为这是一种友好的表示，给人以亲近感；而有的外宾则会觉得对方是在故弄玄虚、有意诌媚，就会产生一种厌恶感。因此，谈判者应事先了解对方的背景、性格特点，区别不同的情况，采用不同的形体语言。

破题引人入胜。如果说开局是谈判气氛形成的关键阶段，那么破题则是关键中的关键，就好比围棋中的"天王山"，既是对方之要点，也是己方之要点，因为双方都要通过破题来表明自己的观点、立场，也都要通过破题来了解对方。由于谈判即将开始，难免会心情紧张，因此若出现张口结舌、言不由衷或盲目迎合对方的现象，这对下面的正式谈判将会产生不良的影响。为了防止这种现象的发生，应该事先做好充分准备，做到有备而来。比如，可以把预计谈判时间的5%作为"入题"阶段，若谈判准备进行1小时，就用3分钟时间沉思。如果谈判要持续几天，最好在谈判前的某个晚上，找机会请对方一起吃顿饭。

讲究表情语言。表情语言是无声的信息，是内心情感的表露，包括形象、表情、眼神，等等。谈判人员是信心十足还是满腹狐疑、是轻松愉快还是紧张呆滞，都可以通过表情流露出来。是诚实还是狡猾，是活泼还是凝重，也都可以通过眼神表示出来。谈判人员应时刻注意自己的表情，通过表情和眼神表示出自信以及友好、合作的愿望。

察言观色。开局阶段的任务不仅仅是营造良好的气氛，还要敏锐地捕捉各种信息，如对方的性格、态度、意向、风格、经验等，为以后的谈判工作提供帮助。

投石问路让对方亮出底牌

投石问路策略是指买主在谈判中为了摸清对方的虚实，掌握对方的心理，通过不断地提问来了解直接从卖方那儿不容易获得的诸如成本、价格等方面的尽可能多的资料，以便在谈判中做出正确的决策。

比如，一位买主要购买3000件产品，他就可以先问如果购买100、1000、3000、5000和1万件产品的单价分别是多少。

一旦卖主给出了这些单价，敏锐的买主就可从中分析出卖主的生产成本、设备费用的分摊情形、生产的能力、价格政策、谈判经验丰富与否。最后买主能够得到购买3000件产品非常优惠的价格，因为很少有卖主愿意失去这样大数量的生意。

买主经常运用投石问路策略，通常都能问出很有价值的资料，知道的资料越多，就越能做出有利的选择。一般说来，可提出这样一些问题：

如果我们订货的数量加倍，或者减半呢？

如果我们建立长期合作关系呢？

如果我们同时购买几种产品呢？

如果我们分期付款？

如果我们自己运输呢？

如果我们淡季订货呢？

如果我们要求改变规格式样呢？

如果我们提供原材料呢？

每一个问题都好比一颗石头，掷向对方内心，落地有声，你要小心听"音"。

有这样一个眼镜师（谈判者）向顾客（谈判对方）索要高价的小故事。顾客向眼镜师问价："要多少钱？"眼镜师回答："10美元。"如果顾客没有不满的反应，他便立即加上一句"一副镜架"，实际上就成了"10美元一副镜架"。然后他又开口"镜片5美元"，如果顾客仍没有异议，狡猾的眼镜师就会再加上一句"一片"。这里，眼镜师运用了投石问路的方法，通过观察、判断顾客的反应，达到了自己的目的。

有目的地向对方提出各种问题，是摸清对方底细、掌握对方情况的重要手段。因此，所提问题的内容、方式，以及问题提出的时间等都要好好考虑。

美国谈判专家尼尔伦伯格曾与他人合伙购买了地处纽约州布法罗市的一家旅馆。他对旅馆经营的业务一无所知，所以，他事先就讲好了对该项业务的经营不承担任何责任。谁知事不凑巧，协议刚签署几天，那位合伙人就因患了重病不能经营旅馆了。怎么办？尼尔伦伯格没有其他的选择，只好亲自去经营旅馆。当时，该旅馆的生意很不景气，月亏损额高达 1.5 万美元。3 天之后，尼尔伦伯格将要被当作纽约市旅馆管理的"行家"去布法罗市走马上任，并亲自指挥 500 名员工的工作。他焦急万分，首先找来了哈佛商学院有关管理的书籍、资料潜心钻研，结果收效甚微。他坐在办公室里冥思苦想，突然一个念头闪过：500 名员工绝不会想到一个外行会冒着风险来经营一个亏损严重的旅馆的，他们会认为我是一个这方面的专家，那么，我就去扮演一个经营旅馆的专家吧。尼尔伦伯格到了旅馆后，便从早到晚每 15 分钟接见一个人。他广泛地接触了管理人员、厨师、使役和勤杂人员，在和他们的谈话中了解了不少情况。他和员工的谈话是这样进行的：当每一个人走过尼尔伦伯格的办公室时，他都是皱着眉头对员工说，他们不适合继续留在旅馆里工作。人们一个个都感到愕然。接着，他说："我怎么能留用如此无用的人呢？看来你还像是个能干的人，但我不能容忍这种荒唐的事情再继续下去了。"这时，凡谈话的每位员工都竭力为自己过去的行为巧言辩解，并表示愿意接受批评，好好工作。于是，尼尔伦伯格继续说："要是你能向我表明，你至少还懂得怎样去做，并使我相信，你已经知道事情错在哪里，那么，我们或许还能一起干下去。"就这样，尼尔伦伯格从员工们那里了解到了旅馆亏损的原因所在，以及许多改进旅馆经营管理的建议、措施和方法。他将这些方法一一付诸实现。结果，第一个月亏损降到1000美元，第二个月就盈利3000美元，从而使旅馆的亏损局面得到了彻底扭转。

谈判者为了在谈判中处于有利地位，有更多的回旋余地，往往采取严密的保密措施，力求不让对方抓住任何与本方"底牌"有关的蛛丝马迹。在这种情况下，直接发问都是无效的，只有采取迂回作战，施展一些策略，运用一些技巧才会有所收获。

一位供货商在与某厂采购经理的谈判中，想提高产品的价格，但他并没有直接探询对方的反应，而是聊了一些似乎不着边际的话。

"我们想提高产品的质量，因此想知道你们厂对我们的产品有什么意见，最好能帮助我们提供一些数据，我们好及时改进。"

"嗯，你们的产品质量还是不错的，至于数据吗，我可以在谈判后替你收集一些。不过据实验人员反应，你们产品的各项检测指标均优于我们曾用过的产品。"

"噢，非常感谢。据说你们厂这两年的效益非常好，规模越来越大，产品几乎没有任何积压。"

"可不是，几十条生产线昼夜不停，产品、原料都是供不应求，可忙坏我了。"

供货商听到这里，露出一丝不易察觉的微笑。

聪明的读者，你知道供货商为什么笑吗？

在这段似乎不着边际的谈话中，供货商探测到了对己方非常有利的两条信息：一是本方提供的产品在该厂的信誉非常好；二是对方的库存原料已经供不应求，存料马上就要用光。工厂正面临着极大的压力，希望尽早结束谈判以使生产不致因为原材料的缺乏而受到影响。不知不觉间，对方自亮了"底牌"。

供货商要想提高产品价格，就必须知道对方的弱点所在，并在此基础上给对方制造压力，让对方不得不让步。但他如果直接问采购经理"我们的产品在你们厂曾用过的产品中是不是最好的"，同样久经沙场的采购经理绝对不会轻易给他肯定的回答，把他送上谈判中的有利位置。于是供货商转换了角度，以对顾客负责的姿态出现，询问对方对改进产品质量的意见，使采购经理放松了警惕，轻易就把本厂对该产品的评价和盘托出。

可见投石问路的关键并不完全在于"问"，而是"引"。最根本的要领是，提到点子上，听出话外音。

报价要有原则，不给对方留把柄

如果将价格谈判放到实力较量的范畴内来研究，那么价格的高低，报价的习惯，可调整的幅度、次数和速度，都可以看作是谈判者实力的体现。

报价，不仅仅是价格方面的要求，还泛指谈判双方在洽谈项目中的利益要求，即其想达到的目的。谈判双方在经过摸底，明确了交易的具体内容和范围之后，提出各自的交易条件，表明自己的立场和利益。

谈判双方通过报价来表明自己的立场和利益要求。但是，任何一方在阐述自己要求的时候，都不会把自己的底价透露给对方，而总是要打个"埋伏"，给自己留下讨论协商、讨价还价的空间，或者以优于底价的条件成交，超过既定目标，完成谈判；或者以不低于底价的条件成交，完成谈判的既定目标。正因为双方都有这种考虑，所以，在报价的时候一定要极其谨慎。

报价的方式可以是"横向铺开"，也可以是"纵向展开"。所谓"横向铺开"，就是对自己的立场观点不做深入的讨论，而是把自己方面的利益要求做一个全面完整的陈述，求全而非深。"纵向展开"，就是对所要讨论的各个问题，逐个展开协商，深入下去，谈完一个再谈另一个。

报价的内容包括：己方认为这次洽谈应该包括的问题，双方的利益要求，己方可以让步的方面。当然，这种开诚布公的报价，只是在互相比较熟悉的老对手之间才可以采用。和陌生不了解的洽谈对手进行谈判，则不能这样报价，也不可能得到对方这样的明确报价。这时候，就要采取旁敲侧击的方法，尽量明确对方的报价。

在报价阶段，双方只是阐述自己的利益要求，所以听取的一方为了达到自己的目的，一定要认真听取对方的报价，尽量全面完整地理解对方的报价，抓住对方的主要利益要求和次要方面，以便将来跟对方压价。

对自己利益的陈述和表达要注意方式和语气。因为报价的目的是为了表明立场和态度，而不是挑战，所以要注意以和为贵。当一方陈述完毕，另一方就可以再陈述自己的立场和观点，为了调节气氛，也可以先讲一下双方已经达成一致意见的方面。

在报价的过程中还应该注意一个"随机应变、留有余地"的原则。

由于报价事关整个交易的各项条件，所以在一般情况下，报价不会是一成不变的。所以谈判人员在报价时，不要把条件说得过于坚决，给对方一个"只此一条，别无选择"的印象。如果在报价时保留一个比较宽松的余地，那么在后来的谈判中当对方向你提出了某种可以使你满足的要求时，你就有了进一步讨价还价的条件。这种策略也是商务谈判人员经常使用的策略。

留有余地的策略在西欧式的报价方法中体现得较为明显。

西欧式的报价方法与我们前面所介绍的报价方法是一致的。一般的做法是，谈判人员在报价时，首先提出一个留有较大余地的价格条件，其后再根据买卖双方的实力对比和外部竞争状况，通过其他方法来争取买方，如给予数量折扣、价格折扣、佣金和支付条件上的优惠等，稳住买方，使双方的差距逐步缩小，最终达成成交的目的。由于有时报价方所留余地是非常大的，所以即使做了有限的让步也是在余地之中，不但不会吃亏，反而往往会有一个不错的结果。

这一策略是和一般买方的心理相适应的，因为对于一般人来说，总是习惯于价格由高到低逐步下降，而不是由低到高。

谈判人员在报价中保留余地时，同样应注意商务谈判中语言运用的一般规则，即应当态度诚恳、观点明确、简明易懂。

关于先报价与后报价之利弊，很多人认为最好后报价，这样不容易被人"摸底"，其实不然，先报价有弊也有利。

先报价的有利之处在于：一方面，先报价对谈判的影响较大，它实际上等于为谈判划定了一个框架或基准线，最终协议将在这个范围内达成。比如，卖方报价某种计算机每台 1000 美元，那么经过双方磋商之后，最终成交价格一定不会超过 1000 美元这个界限的。另一方面，如果己方的谈判实力强于对方，或者说与对方相比在谈判中处于相对有利的地位，那么己方先报价就是有利的。尤其是在对方对本次交易的行情不太熟悉的情况下，先报价的利更大。因为这样可为谈判先划定一个基准线，同时，由于己方了解行情，还会适当掌握成交的条件，对己方无疑是利大于弊。

先报价的弊在于：一方面，对方听了己方的报价后，可以对他们自己原有的想法进行最后的调整。由于己方的先报价，对方对己方交易条件的起点有所了解，他们就可以修改原先准备的报价，获得本来得不到的好处。正如上边所举的例子，卖方报价每台计算机1000美元，而买方原来准备的报价可能为1100美元一台。这种情况下，很显然，在卖方报价以后，买方马上就会修改其原来准备的报价条件，于是其报价肯定会低于1000美元。那么对于买方来讲，后报价至少可以使他获得每台节省100美元的好处。

先报价如果出乎对方的预料和设想，往往会打乱对方的原有部署，甚至动摇对方原来的期望值，使其失去信心。比如，卖方首先报价，某货物1 000美元一吨，而买方却只能承受400美元一吨，这与卖方报价相差甚远，即使经过进一步磋商也很难达成协议，因此，只好改变原来部署，要么提价，要么告吹。总之，先报价在整个谈判中都会持续地起作用。因此，先报价比后报价的影响要大得多。

总之，报价要注意几个原则：不激进、不保守，保持坚定、明确、完整、果断，不要给对方留有把柄。

与 5 种谈判对手周旋的策略

有人戏称谈判是一场顽强的性格之战。因为我们要接触的谈判中的对手可能千差万别，无论经验如何丰富，也很难做到万无一失。因此，对于各种不同的谈判对象，可以视其性格的不同而加以调整，采取不同的策略。

1. 强硬的对手

强硬型的谈判对手情绪表现得十分激烈，态度强硬，在谈判中趾高气扬，不习惯也没耐心听对方的解释，总是按照自己的思路，认为自己的条件已经够好的了。尽管这种一厢情愿式的主观认识十分愚蠢可笑，但是他们仍然乐此不疲。

如果你遇到这样的谈判对手，你最好做好各种心理准备，准备应付各种尴尬场面，并在耐心的基础上理直气壮地提出你的理由。

强硬派总是咄咄逼人，不肯示弱。有的也许会什么也不说，有的干脆一口回绝，绝无回旋的余地。强硬派之所以如此"硬"，当然有一点原因不可否认，那就是他们拥有自身的优势，也有性格使然。自身拥有优势者总是待价而沽，囤积居奇，他们不愁他们的东西卖不出去。

在谈判之中，表现强硬的一方很多时候是受了其上司的指示而故意这么做的。所以遇到这种情况，你可以直接去找对方的上司诉苦或申诉，要求他答应你的条件，解决你遇到的问题。

对你来说，损失的不过是一些时间而已，而为了自己的正当权益不受损害，这些时间的损失也值得。

当然，你去找对方的上司时最好不要满脸怒气、高声吼叫，要明白你到这里来的目的是求得和解。所以，你最好心平气和，把事件发生过程向对方仔细陈述，表明你受的损害有多么大，希望得到哪些补偿，等等。

找对方的上司不失为一个好办法，这样既可避免谈崩，又可借上司的从中调解而解决问题。所以，这也是取胜的保证。

2. 坦率的对手

这种人的性格使得他们能直接向对方表示出真挚、热烈的情绪。他们十分自信地步入谈判大厅，不断地发表见解。他们总是兴致勃勃地开始谈判，乐于以这种态度取得经济利益。在磋商阶段，他们能迅速把谈判引向实质阶段。他们十分赞赏那些精于讨价还价，为取得经济利益而施展手段的人。他们自己就很精于使用策略去谋得利益，同时希望别人也具有这种才能。他们对"一揽子"交易怀有十足的兴趣。作为卖者，他希望买者按照他的要求做"一揽子"说明。所谓"一揽子"意指不仅包括产品本身，而且要介绍销售该产品的一系列办法。

他们会把准备工作做得完美无缺，他们直截了当地表明他们希望做成的交易、准确地确定交易的形式、详细规定谈判中的议题，然后准备一份涉及所有议题的报价表，陈述和报价都非常明确和坚定。死板的人不太热衷于采取让步的方式，讨价还价的余地大大缩小。与之打交道的最好办法是应该在其报价之前即进行摸底，阐明自己的立场；应尽量提出对方没想到的细节。

3. 攻击性强的对手

遇到攻击型的谈判对手，最好避其锋芒，击其要害。攻击型其实是有别于强硬型的一种。强硬型的谈判对手有时仅仅采取防御姿态坚持自己的原则和立场，而攻击型却是有目的、有针对性地向你进攻，迫使你屈服，不给你反抗的余地。

攻击型的对手往往能寻找到一些理由加以攻击，并不是无中生有。因此，面对攻击型的对手如何应付就成了个难题。

攻击型的对手表面上看并不都是那么吓人，击败他的关键之处是要找到要害，也就是其理由不足之处。掌握了这一点，你也可以套用对付强硬派的手法来对付他，只要对方的气焰一灭，你再采用有理有节的方法与之对垒，用让他害怕的方式来威胁他，使他明白事情的轻重，不敢再闹。

对付这类人，当事人必须注意的就是：切莫惊慌，惊慌往往自乱阵脚；也不要过于愤怒，过于愤怒会没有分寸。自乱阵脚而失去分寸，那必受害无疑。

4. 搭档型的对手

搭档型的谈判对手或隐或显，虚实相间，最令人防不胜防。

搭档型的表现是：当谈判开始时，对方只派一些低层人员作为主谈手。等到谈判进入到快要达成协议的阶段时，真正的主谈手突然插进来，表示刚才的己方人员无权做决定，或是刚才的价格过低，或者是时间不能保证。当你表示失望或觉得一切都完了的时候，对方会说："如果你确实急需，我也可以卖给你，但至少在价格上要做些调整……"你此时往往无可奈何。因为谈判进行到这个时候，你已完全摊开了底牌，对方已掌握了你谈判的一切秘密，如果你想达成协议，除了做出让步外别无他法。

当然，谈判必须是在有准备的情况下进行。谈判之初，你必须了解对手是否有权在协议书上签字，如果他表示决定权在他的上司那里，那你应坚决拒绝谈判。但是，也有另外的办法来应付这种情况。那就是，既然对手派的是下层人员与你谈判，你也不妨让下属人员去谈判或由别人代替你去谈判，待草签协议之后，你再直接与对方掌权之人谈判，这样，你将获得较大的转换空间，不至于到关键时刻被别人牵着鼻子走。

5. 犹豫的对手

在这种人看来信誉第一重要，他们特别重视开端，往往会在交际上花很长时间，其间也穿插一些摸底。经过长时间、广泛的、友好的会谈，增进了彼此的敬意，也许会出现双方共同接受的成交可能。与这种人做生意，首先要防止对方拖延时间和打断谈判，还必须把重点放在制造谈判气氛和摸底阶段的工作上。一旦获得了对方的信任就可以大大缩短报价和磋商阶段，尽快达成协议。

以上所举 5 种人经常能遇到，总结经验，以下 6 种策略可以尝试：

（1）坚持一切按规矩办事。强硬型、坦率型、搭档型都会强迫你接受他们的条件，你应拒绝受压迫，而且坚持公平的待遇。

（2）当对方采取极端立场威胁你时，可以请他解释为什么会产生这样极端的要求，可以说："为了让我更了解如何接受你的要求，我需要更多了解你为什么会这样想。"

（3）沉默是金。这是最有力的策略之一，尤其是对付两极派，不妨这样说："我想现在不适合谈判，我们都需要冷静一下。"

（4）改变话题。在对方提出极端要求时，最好假装没听到或听不懂他的要求，然后将话锋转往别处。

（5）不要过分防御，否则就等于落入对方要你认错的圈套。在尽量听完批评的情况下，再将话题转到"那我们针对你的批评该如何改进呢"方面。

（6）避免站在自己的立场上辩解，应多问问题。只有问问题才能避免对方进一步的攻击。尽量问"什么"，而避免问"为什么"。问"什么"时，答案多半是事实，问"为什么"时，答案多半是意见，就容易带有情绪。

双赢才是谈判的最终目的

什么是成功的谈判？有人认为，以在谈判中自己获得利益的多少作为评判标准，获得利益越多则标志谈判越成功；有的则认为，在谈判中己方气势越高，对方气势越低则谈判越成功……其实，这些看法与做法都是比较片面的，有时甚至是有害的。

如果只把目光盯在获利的多少上，自然就会在谈判方式方法上做得较为苛刻，一定会招致对手的反感。如果在对手刚好是比较看中长远利益的情况下，那么这种人所获得的引以为豪的那部分利益远远小于他本来可以获得的利益。他之所以认为自己获得的最多，是因为他没有看到今后与长远，而只是看到眼前。这种认为获利越多就越成功的做法是目光短浅的表现。

美国谈判学会会长、著名律师杰勒德·尼尔伦伯格认为，谈判不是一场棋赛，不要求决出胜负，也不是一场战争，要将对方消灭或置于死地。恰恰相反，谈判是一项互利的合作事业，它的目的是双方的共赢。

在现代谈判中，传统的分配模式不但无助于协议的达成，反而可能有害。往往是对争论的东西，或者是我得到，或者是你得到。一方多占一些，就意味着另一方要损失一些。而新的谈判观点则认为，在谈判中每一方都有各自的利益，但每一方利益的焦点并不是完全对立的。一项产品出口贸易的谈判，卖方关心的可能是货款的一次性结算，而买方关心的可能是产品质量是否一流。因此，谈判的一个重要原则就是协调双方的利益，提出互利性的选择。

在一定情况下，谈判能否达成协议取决于提出的互利性选择方案。为了更好地协调双方的利益，不要过于仓促地确定选择方案，在双方充分协商、讨论的基础上，进一步明确双方各自的利益，找出共同利益、不同利益，从而确定哪些利益是可以调和的。

当然，考虑对方的利益并不意味着迁就对方、迎合对方。恰恰相反，如果你不考虑对方的利益，不表明自己对他们的理解和关心，你就无法使对方认真听取你的意见，讨论你的建议和选择，自然，你的利益也无法实现。

实现"皆大欢喜"的谈判是有原则和标准的。

斯科特对"公平"标准的看法是：要么谈判各方都得到了平等的满足，要么就是各方都感觉不满足，而不是一方满足而另一方不满足的不平等结局。在不平等的结局下产生的协议是很难获得完全实施的。

但是在谈判实践中，谈判者对任何一项谈判结果究竟是否满足很难界定。也就是说，对满足与不满足很难确定出一种绝对的标准。在这种情况下，斯科特提出了实现"皆大欢喜"的几条谈判原则：

（1）在基本的态度和认识上，谈判者应当明确，在谈判中要努力设法为自己一方谋得利益，但并不一定意味着要去损害对方或他人的利益。

（2）要积极地影响对方对事物评价的方法，要在不损害本方利益的前提下，去引导对方获得满足感。由于谈判者对事物评价的方法直接地影响甚至决定着他对事物需求的满足感，所以谈判高手通常不会以牺牲己方利益去使对方获得满足（实际上，以牺牲己方利益的方式去与对手谈判，不但不会使对手感到满足，往往还会刺激对方产生更多更大的需求。历史上许多不平等协议的签署过程无不证实了这个问题），而是积极地影响对方看待事物的角度、观点。

谈判就意味着各取所需，而不是互相损害。不是去追求那种绝对的公平，将"蛋糕"和上面那层"奶油糖霜"都切为两半，无论你是否喜欢都要优劣搭配地分割。而是将"蛋糕"的一大半或绝大部分划给那位喜欢"蛋糕"而不是喜欢"奶油糖霜"者，同样地，将"奶油糖霜"的一大半或绝大部分划给喜欢"奶油糖霜"而不是喜欢"蛋糕"者。各得其所，都能感到自己获得了所需利益的大部分。

（3）谈判者要有一个关于"己方利益"的准确概念。究竟什么是己方的利益，谈判者应当认识清楚、准确，如有可能，要有数字分析根据。

（4）谈判者要通过摸底，经常分析对方利益之所在，以及在哪些方面、在什么条件下己方可以给对方以满足。

（5）为了平等地与对方谈判并最大限度地谋得本方的利益，谈判者不必十分努力地去制造诚挚与合作的谈判气氛，也不必特别注重强调双方的一致性，只要在谈判时能有一个愉快、轻松和认真的工作气氛就行了。谈判者只要有可能，也可要求在谈判程序上做一些对己方有利的安排。

（6）选择那种有助于更多地了解对方需要和让步方式的议题先行讨论，对己方较为有利。谈判者可以通过对该议题的讨论，更好地准备己方的让步方案，更好地知道让步多少和何时让步对自己最为合算。

成功的谈判要求谈判者既能坚持自己的利益，又不固执己见。最好的方案是开阔视野，为共同利益提出多种选择。

要做到这一点，应分两步走：

第一步，寻找共同利益。

从理论上讲，共同利益有助于谈判双方达成协议，也就是说，提出一个能满足双方共同利益的主意，对双方都是有利的。作为一个谈判者，几乎总是要寻找一些可以令对方同样感到满意的解决办法，因为几乎在所有的情况下，你对谈判结局的满意程度都取决于对方对协议所期望的满意程度。

关于谋求共同利益，要牢记以下几点：

（1）每一场谈判都潜伏着各方的共同利益，它们可能不是十分明显。谈判者应努力去寻求，寻求合作与互利的机会。

（2）共同利益是机会而不是天赐。谈判人员要善于创造机会、利用机会，抓住时机将共同利益明确地表述出来，系统地阐述清楚。

（3）在互相交流的过程中，要尽量强调共同利益给双方带来的好处，尽量避免发生对谈判进展无益的争执，这样会使谈判在和谐的气氛中顺利进行。

第二步，为谈判所涉及问题的解决提出多种选择。

要想使商务谈判获得成功，谈判双方应共同努力营造广阔的谈判空间，这一空间应由双方在未来的谈判中能提出的并能从中共同选择的大量建议构成。

多种选择的提出，可以通过以下途径：

（1）从不同的角度看待谈判所涉及的问题，比如我们在进行一项贸易谈判时，就可以从银行家、发明家、房地产商人、证券经纪人、经济学家、税务专家或政府工作人员的角度分析所涉及的问题。思考他们将如何判断形势，将会提出哪些办法和切实可行的建议，从而为你对所涉及的问题做出多种选择提供帮助。

（2）设法提出不同效力的协议。在谈判过程中，当无法取得所期望的协议时，千万不要轻言放弃，在不损及所预期的经济利益的前提下，不妨退而求其次，用准备好的"弱化"词提出大量可能的协议。

商务谈判中，谈判双方进行沟通的终极目的就是实现合作，以获取各自所预期的经济利益。

口头的强攻不如口头的佯退

商务谈判过程大都紧张而激烈，需要谈判者付出大量的精力，谈判者因而也极易产生情绪，使双方争执不下，互不相让，致使谈判出现僵局。在这种情况下，适时地暂停谈判，采取"谈不拢就走人"的谈判策略，可以使双方冷静地考虑自己的处境和对方的情势。实践证明，"谈不拢就走人"的谈判策略确实能为运用者带来利益。

1984 年，中国与日本某商社的商务代表、技术代表就在中国建化肥厂的有关事项进行谈判。为了交易成功，该商社的一位部长与某厂厂长一同前来上海参加谈判。谈判前，日本某厂已经获得了我方政府部门批准的进口用汇额度情报，这对我方来说极为不利。谈判一开始，日方报价为 350 万美元，经我方代表的努力，反复地讨价还价，价格逐渐降至293万美元。这个价格基本上符合引进厂的要求，应该说是可以成交的。但我方主谈估量了目前的情况，凭他的经验，认为价格仍存在进一步下调的可能。于是，中方主谈对日方代表说："贵方在设备的报价上做出了不少努力，我们深表感谢。可问题是经过我方核算比较，还是觉得有些高，希望贵方进一步考虑，明天上午报一个更优惠的价格。"第二天上午9时，双方在日本某商社的上海事务所继续谈判。某商社的部长发言说："经过反复核算，价格实在是不能再降了，再降就亏本了。我们总不能做亏本买卖吧？"中方主谈听后郑重地说："如果情况确实是这样，我们的谈判只能到此为止了。不能成交我们很遗憾。不过，贵方为了这个项目曾多次来上海，我们深表感谢。"他一边说一边离开座位，中方的其他谈判人员也纷纷离开谈判室。

在晚上的宴会桌旁，中方主谈很随意地问该商社的部长："上午我们离开后，你们对这个项目有什么新的想法吗？"这位部长急急地说："不瞒你说，上午你们一走，我们就进行了紧急商量。某厂表示再降价就亏本了，可不降价你们又不答应，为了促成这笔交易，我们商社愿意从佣金中拿出5万美元，不知贵方能否接受？"中方主谈听后一阵高兴，可表面不露声色地说："今晚我们好好喝一杯吧！业务上的事嘛，既然贵方愿意做出让步，那就明天再谈。"本来该厂厂长已经买好了回日本的机票，可为了第二天的谈判，决定延期一天返回。结果，在第二天的谈判中，日方决定再让价10万美元，最后以283万美元成交。

适时撤身而退实质上是一种以退为进的策略。

"以退为进"是军事上的用语，暂时退让输赢未定，伺机而进，争取成功。谈判也如打仗一样，亦是互相交锋，争斗激烈。

有时要继续谈下去，有时则要暂时休会；有时要据理力争、讨价还价，有时需要暂时退让，伺机而动。商务谈判如同兵战，只不过是以唇为"枪"，以舌为"剑"，如何在谈判桌上充分发挥你的战技和口才，全凭谈判人员的经验和智慧了。

有一家大型航空公司要在某地建立一分支机构，找到当地某一电力公司要求以低价优惠供应电力，但对方态度很坚决，自恃是当地唯一一家电力公司，态度很强硬，谈判陷入了僵局。这家航空公司的主谈私下了解到了电力公司对这次谈判非常重视，一旦双方签订了合同，便会使这家电力公司起死回生，逃脱破产的厄运，这说明这次谈判的成败对它们来说关系重大。这家航空公司主谈便充分利用了这一信息，在谈判桌上也表现出绝不让步的姿态，声称："既然贵方无意与我方达成一致，我看这次谈判是没有多大希望了。与其花那么多钱，倒不如自己建个电厂划得来。过后，我会把这个想法报告给董事会的。"说完，便离席不谈了。电力公司谈判人员叫苦不迭，立刻改变了态度，主动表示愿意给予最优的价格。至此，双方达成了协议。

这场谈判在开始阶段，主动权掌握在电力公司一方，因为航空公司有求于电力公司。当自己的谈判要求被拒绝后，航空公司便运用了一些策略，给电力公司施加压力，因为若失去给这家大航空公司供应电力的机会，就意味着电力公司损失一大笔钱，所以电力公司急忙改变原来的态度，表示愿意以优惠的价格供电。这时，谈判的主动权又转移到航空公司一方了，从而迫使电力公司再降低供电价格。这样，航空公司先退却一步，然后前进了两步，生意反而谈成了。

通过以上几个案例我们可以看出，当谈判出现各执己见、互不相让，甚至是横眉冷对的局面时，为避免同对方直接冲突，"走"确实是上乘之策。在运用这种策略时应特别注意，在合作性的、双方比较坦诚的情况下不宜采用。"走"只是实现谈判目的的手段。因此，在运用这一策略前要调查清楚对方的实力以及这次谈判的成败对对方造成的影响程度，以促使谈判的进一步深入进行。

日本松下公司早在1937年左右就与荷兰菲利浦公司有业务往来，后来因第二次世界大战而中断联系。1951年，松下公司为了发展电子事业，积极与菲利浦公司洽谈合作事宜。开始，菲利浦公司开出的条件是认购30％的股份，再由松下公司付技术报酬的6％。松下公司认为，接受对方的技术指导，付给报酬是应该的，但合资公司成立后，经营管理方面的事务工作全部由日方承担，那么，松下公司也应收取"经营指导酬金"。

松下公司的条件提出后，菲利浦公司大为惊讶，因为第二次世界大战后，日本是战败国，当时处于国力十分虚弱的非常时期，松下公司正急切地寻找合作伙伴，而在这种情况下，松下公司竟在谈判中将自己置于与菲利浦公司对等的地位，这是菲利浦方面所不能容忍的。

谈判从一开始就陷入了僵局。

松下公司的谈判代表高桥，在菲利浦公司的强硬态度面前毫不让步，严正表明了松下公司的立场。这样，谈判再也进行不下去了。

这时，高桥毫不妥协，在高压下撤身而退，以表示松下公司"宁为玉碎，不为瓦全"的态度。这样一来，菲利浦公司反而软下来了，因为与松下公司合作，他们可以得到很多好处，他们担心松下公司会去找别的合作伙伴。

菲利浦公司做了让步，谈判最终取得了成功。

高桥之所以敢抛下重话，示意"谈不拢就走人"，是因为他对这次合作带给菲利浦公司的利益大小了如指掌。当你抓住对方所看重的利益时，就相当于一张王牌在手了，对方再强硬也不会跟利益过不去。

在商务谈判中，暂时的退却是为了将来的进攻，即退却一步，进攻两步。有时候，如果进攻遇到困难的话，还不如口头的"佯退"，当然在语言运用上要讲究技法，既要坚决、果断、不留余地，使对方看不出破绽，又要给对方再次谈判带来希望，不能让对方认为谈判彻底黄了，然后另觅他途。

请人办事，三言两语达成所愿

请人帮助前，获得认同

要想说好让别人认同的话，就要时刻关心对方的需要，并且想方设法地满足对方的这种需要。只有立足于对方的需要，才能说出获得对方认同的话。

假如你丢了钱包，身无分文，向路人求助时，很容易想象他们脸上惊讶、害怕甚至有点怀疑的表情。所以，如果要获得他人的帮助，必须要获得他人的认同。

亨廷顿曾指出，不同民族的人们常以对他们来说最有意义的事物来回答"我们是谁"，即用"祖先、宗教、语言、历史、价值、习俗和体制来界定自己"，并以某种象征物作为标志来表示自己的文化认同。在这里，认同不仅仅指的是文化和民族方面的认同，更重要的是信任感的认同。如果他人对你连起码的认知和信任都没有，又怎么会帮助你呢？

战国时，水工郑国受韩国派遣，到秦国探听情报，不料被秦国逮捕，准备处置。行刑前，郑国要求参见秦王嬴政。他身带重镣，被带到秦廷。秦王嬴政喝问："奸细郑国，你承认有罪吗？"郑国说："是的，我的确是韩国派来的奸细。我建议您兴修水利，确实是为了消耗秦国的民力，延缓韩国被吞并的时间。然而兴修水利，难道不是对秦国万分有利的事吗？"秦王嬴政想了想，觉得此言确实有理，郑国又说："现在，关中水利工程即将竣工，何不让我将它完成，以造福万民呢？"秦王嬴政沉吟半晌，终于同意了他的要求。在郑国主持下，一项伟大的水利工程郑国渠终于完成了。

秦王嬴政的残暴是闻名于世的，想在他的刀口下活命都不容易，更何况得到他的支持？但由于郑国抓准了他的心理，取得了嬴政的认同，终于打动了他的心，不仅保住了性命，还得以完成了自己心目中的伟大工程。

信任感是认同的基础。如何获得他人的信任和认同呢？以下几点可供借鉴：

必须注意自我修养，善于自我克制；做事必须诚恳认真，建立起良好的名誉；应该随时设法纠正自己的缺点；行动要忠实可靠，做到言出必有信，与人交易时必须诚实无欺，这是获得他人信任的最重要条件。

勤奋刻苦，脚踏实地。夸夸其谈的人给人以不安全感，说得好不如做得好。时间一长，你的浮夸将被人看穿，恐怕肯向你伸出援助之手的人也就敬而远之了。

很多人能获得成功靠的就是获得他人的信任。今天，仍然有许多人对于获得他人的信任一事漫不经心、不以为然，不肯在这一方面花些心血和精力。这种人可能用不了多久就要失败。

要获得他人的信任，除了要有正直诚实的品格外，还要有敏捷、正确的做事习惯。即使是一个资本雄厚的人，如果做事优柔寡断、头脑不清、缺乏敏捷的手腕和果断的决策能力，那么他的信用仍然维持不住。一个人一旦失信于人一次，别人就再也不愿意和他交往或发生贸易往来了。

人类仿佛有一种共同的心理，那就是如果有人能使我们感到高兴喜悦，即使事情与我们的心愿稍有相悖也不太要紧。求人帮助时，你要与别人产生共鸣，只有这样，你的求助才能达到预期的结果。其实一件事情，能做的人是很多的，但有些智商水平很高的人却往往做不了，原因在于他们过于相信自己的智力，而忽略了对方的感情。

获得他人的信任，是求人帮助时必不可少的。要想做到这一点，首先一条就是要有一种令人愉悦的态度，脸上带着笑容，行动轻松活泼。无论你内心中是否对别人有好意，但如果人们从你的脸上看不到一点快乐，那么谁也不会对你产生好感。

暗中智取，让他人无法拒绝

学会说话，从而使他人无法拒绝我们的请求。

一个法律系的教授告诉他的学生："当你盘问证人席的证人时，不要问事先不知道答案的问题。"因为辩护律师如果不事先知道答案就盘问证人，会为他自己惹来很多麻烦，同样的情形也适用于向人求助时。因此，绝对不要问只有"是"与"否"两个答案的问题，除非你十分肯定答案是"是"。

例如，金牌销售不会问客户："你想买双门轿车吗？"他会这样说："你想要双门还是四门轿车？"

如果你用后面这种二选一的问题，你的客户就无法拒绝你。相反，如果你用前面的问法，客户很可能会对你说："不"。下面有几个二选一的问题：

"你比较喜欢3月1号还是3月8号交货？"

"发票要寄给你还是你的秘书？"

"你要用信用卡还是现金付账？"

"你要红色还是蓝色的汽车？"

"你要用货运还是空运？"

面对这样的提问，无论客户选择哪个答案，业务员都可以顺利做成一笔生意。你可以换个角度站在客户的立场来想这些问题。如果你告诉业务员你想要蓝色的车子，你会开票付款，你希望3月8日请货运送到你家之后，就很难开口说："噢，我没说我今天就要买。我得考虑一下。"

养成经常这样说的好习惯："难道你不同意……"这样，在求助别人，想要借别人的力量成我们的事时，我们就可以脱口说出这样的话，让对方难以拒绝。

例如："难道你不同意这是一部漂亮的车子？""难道你不同意这块地可以看到壮观的海景？""难道你不同意你试穿的这件貂皮大衣非常暖和？""难道你不同意这价钱表示它有特优的价值？"此外，当客户赞同你的意见时，也会衍生出肯定的回应。

其实，在进行推销活动时，如果能及时问些征求客户同意的问题，将会产生特别的效果。

当某家的先生、太太和十二个小孩共乘一辆车子上街买东西时，一位汽车推销员问这位太太："遥控锁是不是最适合你家？"她通常会同意销售员的看法。

接着销售员继续说："我打赌你也喜欢四门车。"因为他们是个大家庭，他知道他们只能考虑四门车。而这位太太会说："哦，是的，我只会买四门车。"在一连串对车子性能的探讨之后，这位先生猜想这位太太有意买车，因为她对销售员的看法一直表示赞同。

如果你面对的是两个以上的客户或一群生意人时，先说服有支配权的那个人，是非常有效的方法——如此一来，其他人也会跟着点头同意。

其实，你在分析判断谁才是这群人的领导者之前，你就应该掂量每个人的分量。一般情况下，他是唯一一个你需要说服的人。当你说服了他时，那么你的生意也就成功了。

迂回委婉地说出你的需求

即使你向别人提出的要求是正当的，也要有技巧地、迂回委婉地说出来，这样才会让他人更容易接受。

即使你向别人提出的要求是正当的，你也得讲究时机和技巧，不然不仅不会被人重视，甚至被理解为无理取闹。如果你认为你的薪水与你的能力没有成正比，想让你的老板给你加薪的时候，你会用什么样的方法提出自己的想法呢？你会随随便便地提出要求吗？聪明的你肯定不会这样做。有技巧地说出自己的要求，才会让他人更容易接受。

我们得到他人愈多的"是"，就愈能为自己的意见争取主动权。推销商品也好，其他一切需要他人信服、支持的事情也罢，这一法则是很有效的。

曾经有一位年仅 25 岁的法国将军竟然能够使衣衫褴褛、饥肠辘辘的意大利军队听命于他。这到底是怎么回事呢？起初，他抓住了士兵们对衣食的迫切需求，开始鼓励他们："我将把你们从这个衣不蔽体、食不果腹的世界带到一个最富足的地方去，在那儿，你可以看到繁华的城市和富饶的乡村，你们可以过上衣食无忧、逍遥自在的生活。"在占领了一个重要城市之后，他又改变了说法，这时，他转而在士兵们的自尊心上下功夫，用热烈而优美的词句赞美他的士兵："你们是历史的创造者，当你们荣归故里时，你们的乡亲会热情地指着你们，说：看，他曾经服役于那伟大的英勇的意大利军队。"由于他总能够把军事计划和士兵们的欲望紧紧地联系起来，所以他的军队一直都支持他、效忠于他，英勇作战，义无反顾。他就是拿破仑·波拿巴。

所以，当我们想要借助别人的力量时，如果不知道如何才能说服对方支持你，也没有想过要观察他的兴趣和思想，他怎么会支持和帮助我们呢？请不要毫无准备地闯入他的办公室，这种做法是非常不明智的，你不如在他的办公室外先考虑几个小时，然后再去敲门。

谈判专家之所以能解决棘手的问题，是因为他懂得有技巧地表达自己的意图。销售大王之所以能取得好的业绩，是因为他懂得有技巧的沟通。我们听听一个销售大王的经验：销售人员与客户之间的沟通有时表现为相互进攻，有时表现为各自坚守阵地，更多的时候，是进攻与防守的结合运用。

例如销售人员说："如果购买量达不到 100 箱的话，那就不能享受八折优惠。"（"100 箱的销售量"属于进攻行为，"八折优惠"为防守策略）。客户说："如果这种产品的价格不能享受七折优惠的话，那我就只能选择其他产品。"（"七折优惠"是进攻行为，"不购买产品"为防守策略）

在进攻与防守策略灵活运用的各个沟通环节当中，销售人员应该学会掌控整个沟通局面，而不要让自己围着客户提出的种种条件团团转。要想掌控全局，在每次与客户沟通的过程中，销售人员都需要在关键问题上事先确定一个合理的底线，比如产品价格不能低于多少，不符合某种购买条件时不提供某种免费服务、客户最晚不能超过多长时间付清货款等。

主办第 23 届洛杉矶奥运会的重任落到了彼得·尤伯罗斯身上，他面临着一个非常重要的问题：必须把奥运会有关项目的赞助权销售出去，才能获得资金筹备奥运会。彼得·尤伯罗斯担心的事情是：如果这些"赞助权"不能被成功销售出去，或者销售费用太低，那么洛杉矶奥运会的顺利举行将会受到严重掣肘。为此，尤伯罗斯为饮料业赞助商投标时，设置了自己的最低心理底线——400 万美元，给媒体行业的电视转播权投标时，他又定了 2 亿美元的天价。在当时，这些价格都是前所未有的，当得知尤伯罗斯确定这样的价格底线时，很多商家都表示坚决要退避三舍。然而，尤伯罗斯知道很多商家的声明都是一种策略，没有一个商家不希望自己能够获得奥运会的赞助权，只要他们有这样的实力，就一定会认真考虑的。

就这样，尤伯罗斯一次又一次地与各个行业的商业巨头在谈判桌上进行沟通，他游刃有余地周旋于各大商业巨头中间，和商业巨头们展开了形式多样的沟通和交流，而且他表现得相当灵活。但是每当涉及投标价格的讨论时，尤伯罗斯都表现得相当坚决，到后来，他甚至在价格方面已经不做任何解释了。

当尤伯罗斯在价格问题上三缄其口之时，各大商业巨头之间展开了明争暗斗。结果，尤伯罗斯从可口可乐公司那里得到了 1 260 万美元，从美国广播公司那里得到了 2.25 亿美元。

在商场中，当你与他人进行谈判时，可以考虑尤伯罗斯的做法，确定合理的底线，进攻和防守兼而有之。向老板提出加薪也是同样的道理，在适当的时间说适当的话。

第一次世界大战后，美国总统威尔逊为了重建国际新秩序，组织国联而游说欧洲各国。他来到了法国，他非常清楚地知道要说服法国这个欧洲大陆的第一强国，就得先说服绰号"法国老虎"的克里蒙梭。要让他同意国联的计划十分艰难，但威尔逊在经过深思熟虑后，还是决定与克里蒙梭会晤。在交谈中，威尔逊首先提出了海洋自由的问题，因为这个问题是法国当时急需解决的问题，接着他就提出了国联的计划，这个计划能够解决海洋自由的问题。结果，克里蒙梭对组织国联的计划十分感兴趣，后来他终于支持成立国联。威尔逊之所以能够赢得"法国老虎"的支持，原因就在于他告诉克里蒙梭国联可以满足他的某种需要。

在出席一个集会之前，我们会不会先考虑自己应该说些什么话？我们是否应该顺着对方的兴趣来表达自己的意见？是否能够顾及他人的需求？

在向上级汇报时，在见一位顾客之前，在与一个同事交谈之前，在召见一个下属之前，有多少人会真正考虑过对方的立场呢？孔子的学生子贡曾经问他："有没有一个字可以作为终生奉行不渝的法则呢？"孔子回答："其恕乎！己所不欲，勿施于人。"
这里的"恕"是凡事替别人着想的意思。自己不喜欢做的事，不
要加在别人身上。我们可以把这句话看成为人处世的基本修养，
如果你能够做到这一点，那么便可以建立良好的人际关系。"恕"
的核心是用以己度人、推己及人的方式处理问题。这样可以造成
一种重大局、尚信义、不计前嫌、不报私仇的氛围，以及成就双
方宽广而又仁爱的胸怀。其实，对于日常生活小事的处理，又何
尝不是如此呢？按照"己所不欲，勿施于人"的原则，反求诸己，
推己及人，往往会有皆大欢喜的结果。

　　有句话是这样说的：人同此心，心同此理。人们的思想总是
有着某种共同的规律的，在获得他人支持的努力中，积极发掘这
种共同的规律，寻找事物的关联之处，先自觉地解剖自己，再由
己及人，以求得双方在思想上的共鸣。若要人敬己，必先己敬人，
你敬人一尺，人敬你一丈。人际交往就是有这样的互补性报偿，
报偿是一种自觉不自觉的社会动机，只有尽可能地尊重一个人，
才能尽可能地要求一个人。

　　如果你求人办事，用尽了各种招数却仍遭到别人的拒绝，此
时你应该怎么办呢？

　　不要过分坚持。

　　对方既已拒绝，必有原因，如果过分坚持自己的要求，不但
会使对方为难，而且也使自己进退两难。

　　不要过分追究原因。的确，任何人都想知道遭到拒绝的原因，
但是如果非问清原因不可，往往会破坏双方感情。

　　做任何事，眼光都要放长远、心胸要宽广。

　　真挚的友情是长期培育建立起来的，也经得起漫长岁月的考

验。如果求人时，一好百好；事成之后，过河拆桥，一锤子买卖，友谊哪能长久？如此寡情少义，关键时刻，又怎能奢望别人的真诚相助？

当我们想求他人为自己办事时，不要总是想着自己的利益，我们应该考虑一下他人的想法和可能的回应。

关键语句让对方点头同意

求人帮忙时，有时一大筐的求助话或许也没有一句话的威力大，因此，说关键性的求助话更容易让对方点头同意。

在人的一生中，有很多事情需要靠他人的帮助才能取得成功，在遇到急事、难事、不得不办的事情时，人们就像是一个不会游泳的人掉在深水里一样，哪怕是一根不足以救命的稻草，也会满怀希望地一把抓住。

我们在求人帮忙时，实际的利益比空口说教更有力量。在这个时候，不要有意无意地提醒人家你曾经给予过他的帮助和恩惠，要以谦虚的态度讲清利益关系，具体地指出你的请求和合作对他有利的地方，从而使对方乐意伸出援手。

在请求别人帮助之前，你一定要搞清楚别人为什么要帮助你，你凭什么能叫别人来帮助你，帮助你的人帮助你的真正目的是什么。

每个人都应该掌握一些求人帮忙的说话技巧，把自己变成一个交际高手。在求人帮忙的过程中，想要说服别人帮你，用语就要精炼，话不在多而在精。多则惑，少则明。尽人事，听天命，点到为止，言多必失。把每句话都说到别人的心坎里，这样才能达到事半功倍的效果。

有些人在求人办事时，天生就不善言谈，结果总让自己处在进退不能自如的紧张和压迫之中；有些人懂得说话的艺术，有一张好嘴巴，办起事来就游刃有余。

在求人帮忙时，有的人长篇大论，滔滔不绝，以此抓住听者的心，这自然令人钦佩。然而，有的人把自己的意思浓缩成一句话，犹如一粒沉甸甸的石子，在听者平静的心湖里激起涟漪，与前者相比，更具说服性，更能让人接受。

一个真正聪明的人，常常会从人们意想不到的角度切入话题，使得对方在真心领悟之后，从心底腾起一片喜悦之情，营造出和谐的、充满意趣的氛围，这样自然就可以达到自己的目的。

人们常说："一句话说得人跳，一句话说得人笑。"可谓道出了会说话与不会说话的区别。难也罢，易也罢，归根结底一句话："话不在多而在精。"满嘴胡言，词不达意，恐怕说得再多也无济于事，反而让人生厌，说得再多别人也不会为你动容。做一个能说会道的人不是一件容易的事情，它需要技巧，只有掌握这个技巧，才能在求人帮忙时无往不胜。

需要特别强调的就是，语言表达要清晰，不要啰唆。反反复复要强调的事情，生怕对方听不明白或者漏过去，这样反而把重点冲淡了。回答问题也应该简单明了，不要喋喋不休，让求人帮忙的现场成为你自己的演讲论坛，别人当然不愿意帮你了。

任何事情都是人办的，但不一定任何需要办的事情都是由自己亲手操办的。所以办事的艺术也是处世的艺术。一个人若能在纷繁复杂的环境中随心所欲地驾驭人生局面，把不可能的事变为可能，最后达到成功之目的，那他就是个会办事的人，是个把握了办事分寸和艺术的人。

求人帮忙时，要能够准确地表达出自己的意思，每句话都能够说得合情合理，并且具有较强的说服力，这才是最为重要的。如果一个人经常词不达意，乱说一通，话说了一大堆，却没能起到作用，这样的话说再多也没有用。求人帮忙能否成功，关键靠你的口才。一个会说话的人，句句话都能说到别人心坎里，说服别人帮自己；而不会说话的人，就会显得语无伦次，表达不出自己想要表达的意思，不能很好地说服别人。

面对上级，言辞关切博得领导认可

不要超越领导的位置

每个人都重视尊严，领导更是如此。尊重领导也是给自己机会。尊重领导，最关键的就是不要超越领导的位置，即"越位"。

在与上司的相处中，尤其在工作的时候，如果你不摆正自己的位置，即使你为上司出了力，也未必达成理想效果。应该站在自己的职位上去为上司出力，做到不越位。

越位的表现有多种，平时行事就要多加注意。

1. 决策的越位

在有的企业中，职员可以参与决策，这时就应该注意，谁做什么样的决策，是要有限制的。有些决策，职员可以参与意见，有些决策，职员还是不发言为妙。如果是该由老板来做的决策，你代劳了，那等于是无视自己的权限。

韦恩年轻干练、活泼开朗，入行没几年，职位"噌噌"地往上升，很快成为单位里的主力干将。几天前，新老板走马上任，下车伊始，就把韦恩叫了过去："韦恩，你经验丰富，能力又强，这里有个新项目，你就多费心盯一盯吧！"

受到新老板的重用，韦恩欢欣鼓舞。恰好这天要去北京某周边城市谈判，韦恩一合计，一行好几个人，坐公交车不方便，人也受累，会影响谈判效果，打车吧，一辆坐不下，两辆费用又太高，还是包一辆车好，经济又实惠。

主意定了。韦恩来到老板跟前。"老板，您看，我们今天要出去，"韦恩把几种方案的利弊分析了一番，接着说，"所以呢，我决定包一辆车去！"汇报完毕，老板的脸不知道什么时候黑了下来，生硬地说："是吗？可是我认为这个方案不太好，你们还是买票坐长途车去吧！"韦恩愣住了，他万万没想到，一个如此合情合理的建议竟然被打了"回票"。

"没道理呀！傻瓜都能看出来我的方案是最佳的！"韦恩大惑不解。

如果你想要做什么样的决定，一定不要忘记自己的权限，结论应由有决策权的人提出。

2. 表态的越位

表态，是表明人们对某件事的基本态度。表态要同一定的身份密切相关。超越了自己的身份，胡乱地表态，是不负责任的表现，也是无效的。对带有实质性问题的表态，应该由领导来做或领导授权才行。而有的人作为下属，却没有做到这一点。

3. 干工作的越位

哪些工作由你干，哪些工作由他干，这里面有时确有几分奥妙。有的人不明白这一点，有些工作，本来由领导做更合适，他却抢先去做，从而造成干工作越位。

4. 答复问题的越位

这与表态的越位有些相同之处。有些问题的答复，往往需要有相应的权威，作为职员、下属，明明没有这种权威，却要抢先答复，会给领导造成工作的干扰，也是不明智之举。

在工作中，"越位"对上下级关系有很大影响。下属的热情过高，表现过于积极，会导致领导偏离帅位，大权旁落，无法实施领导的职责。因此，领导往往把这视为对自己权力的严重侵犯。

对领导说话不卑不亢

有的下属对领导唯马首是瞻，即使领导做错了，还佯装欢笑，卑躬屈膝，违背原则说一些子虚乌有的话。如果是非常精明的领导，这种人是很难得到重用的。因为这种人一般并没有什么真才实学，不仅很难成事，还经常会坏事。而且这些人把利益放在第一位置，现在他可以违背自己的良心说对你有"利"的话，明天也可以干出对你不利的事来。

在和领导讲话的时候既不能肉麻地拍马屁，也不能让领导感觉被压制，下不了台，也就是要不卑不亢。

当在领导面前处于不利境地时，如果为了迎合领导，讲了假话，那就违背了自己的良心，也未必会得到领导认可。在这个时候如果讲究点技巧，不卑不亢，既讲了真话，不违背自己的本心，又能使对方接受，岂不是一举两得。下面就是这样一个例子：

宋代有一位大臣，为官公正，为人刚正不阿。年轻时四处游学，机缘巧合，竟然认识了微服私访的当朝皇帝。皇帝心血来潮，写字画画儿去卖，只可惜水平实在不高。这位青年告诉皇帝，他的画儿只值 1 两银子。皇帝听了既不服气又生气，但也不好发作。

第二年这位青年进京赶考，高中状元，成了天子门生。觐见皇帝时才发现，原来当年卖画儿的老兄竟然是皇帝，皇帝也认出了他。皇帝屏退左右，只将这位大臣留了下来，拿出当年只值 1 两银子的那幅画，问道："卿家认为这幅画价值几何？"

这位大臣赶紧前进一步说道："这幅画如果是陛下送给微臣的，那就价值万金，因为无论陛下送的何物，对微臣来说都是无价之宝。但如果拿去卖的话，这幅画就值 1 两银子。"

皇帝听了，不禁拍掌大笑，知道自己获得了一位才学渊博、品行端正的忠心之士。

这位大臣并没违背自己的本意，而是讲了真话，这种不卑不亢的巧妙表达，也使皇帝觉得在理，因而也非常高兴。

不卑不亢只是一种说话手段，运用它的关键是理直而气壮，只有在领导面前大胆地说出应该说的话，才能不致弄巧成拙，违背初心。

拒绝老板有技巧

任何事情有其结果，必有其起因。当老板的意见不正确，需要你拒绝的时候，一定要提出你拒绝的合理理由。

平白无故地拒绝老板的意见或者老板要你做的事情，如果不说出理由，是极端不礼貌的行为。

在拒绝老板的时候，要注意以下几点：

1. 态度要明确

当老板有了指示或者命令的时候，如果你持不赞同的观点，不要明确地表示拒绝，不要直接地说出"行"或者"不行"，要持有一种保留的态度。持有保留的态度可以避免引起老板的不快。

你的最终目的还是要拒绝老板的不当指令。但是这样做绝对不是说对老板的任何指示或者命令都要持有一种既非"肯定"，也非"否定"的暧昧态度。相反，为达到拒绝的目的，最重要的一点是，事先就要明确地确定自己的态度，之所以这样做是为了拒绝老板，不要改变自己的初衷。

有些问题十分重要而又复杂，无法当场决定采取"肯定"还是"否定"的立场，这时候为了有所保留，不招致老板的不快，就要说：

"我想这个问题很重要，请让我多考虑一些时候。"

"现在一时说不出所以然来，无法马上答复你，请给我两天的时间。"

此时，表现得模棱两可，则是必要的，关键是争取缓冲的时间，以便仔细考虑。

鲁迅曾说过："犹豫要走哪一条路的时候，应该好好地定下心来，花费足够的时间以选择要走的路。"

这可看作有关决断的有益训示。

2. 善于"辩解"

作为下属，既要懂得拒绝老板，还要知道该如何让老板通过你的拒绝而欣赏你。

要想做到这一点，就要善于"辩解"。

"辩解"是"辩明理由让对方了解"以推动工作，而不是推诿责任，它是对自己言行负责的人应有的正确态度。在工作当中，有的人会因为认为"辩解是有失面子的事情"，而保持沉默，这样做的最终结果是失去自己的主见，也是对自己的工作不负责任的表现。

当然，如果为了保护自己而拼命地辩解，也是不好的。

正确的做法应该是，主动说明原因，提供情报，说明不能够做的理由，绝不仅仅是只要保护自己，这才是最好的方法。

一般来说，下属找借口时说话都是慢吞吞或犹豫不决的，同时语调也会变得低沉，但如果是堂堂正正地说明理由时，态度便会热诚而明快，语调也会开朗爽快。

向老板说明拒绝的理由时，要口齿清晰，态度明朗，如果在讲话的时候语调低沉、态度畏畏缩缩，老板就会认为你是在找借口。

3. 要在拒绝当中成长

作为下属，常常会遇到这样的事情。当老板在某些场合听到一些工作上的新方法后，马上就会在自己的部门实施，于是就督促下属说："我想在我们的部门，用这种新方法来进行工作。"如果本部门适合这样的工作方法还好，但如果本部门的确不适合运用这种新的工作方法，这样做无疑是增加工作难度，这个时候，有的下属就会在私下里发牢骚，认为老板这样做是强人所难，也不管行不行得通，就将原来的工作秩序打乱。

发牢骚终归是发牢骚，不能解决任何实际的问题。这时，要想让老板打消这个念头，除非有人勇于拒绝上级或老板的新花样，如果不这样的话，就只有接受领导的这个新花样。

在实际工作当中，照正常情况，一个公司如果想采用一种新的工作方法，应该由组长一类的下层负责人根据实际情况决定是否采用，而不应由老板来考虑。可是如果一旦老板心中有了某种打算，要想消除将是十分困难的。

那些绞尽脑汁想要设法说服老板的人，可以从中培养自己的某些能力。

当你认为老板的计划不可实施而加以拒绝的时候，在拒绝的过程中，你或许能发现老板计划好的一面，而从中认识到从前没有发觉的老板的另一面，这对于你和老板之间加深了解不失为一件好事。

以上的情况说明，即便下属在拒绝老板的过程中或许最终反而被老板说服，但自己却会因为受到老板的影响而得以成长。在"拒绝"的时候，下属可以得到很多实际的锻炼，这包括胆量思维的敏捷性、口才的发挥，等等，从而促使自己成长。所以，作为下属，如果想在工作中做出成绩，就要学会拒绝，并勇于拒绝，当然，拒绝也必须是有理有节的，而绝不是无理取闹，更不是胡搅蛮缠。

4.拒绝的最终结果还是要尊重老板的决策

下属在工作的时候，如果老板提出的计划是无论如何也行不通的，这时，下属对老板的命令是不是非服从不可呢？经验告诉我们，作为下属，你必须服从老板的最后决定，听从老板的意见，因为这个时候，最终要负责任的是老板。

这个时候如果你一意孤行，盲目地反对老板的决定，置老板的决定于不顾，按照自己的想法去做，是绝对行不通的。

这个计划如果执行，十有八九会失败，且会造成重大损失，作为下属，就要考虑，是否也非服从不可。下属要如何做最终判断呢？依照下面方式思考才是正确的态度。

自己的意见显然是正确的，而老板却断然不肯接受时，原则上应先让老板了解你是出于公心，是为工作着想，并且是在万般无奈的情况下才反对的，然后去实行老板的命令。假如你认为按老板命令去做，会对企业的利益造成难以弥补的重大损失，在情况十分危急的紧要关头，你可以以辞职为手段，"要挟"老板取消其命令。当然，这得有个前提条件，即你是一个在工作中老板离不开的人，或这个命令老板只能依靠你去执行。

总之，作为一个负责任的下属，作为一个充满正义感的下属，要牢牢记住，在任何情况下，都应该把企业的整体利益放在首位。你如果这样做了，即便老板误解了你，但在事实面前，最终他还是会认识到你是正确的。到时，他就会万分地感谢你，因为是你的坚持，才免除了一场重大损失，也才免除了灾难性后果。

对领导有意见婉转说

面对来自上司的压力，总有一些话如鲠在喉，不吐不快。此时此刻，你将怎么做？不吐不快，绝不意味着要一吐为快，跟上司提意见还是要婉转说。

1. 提意见兼并上司的立场

李先生是一家知名外企的总经理助理。他的顶头上司王总是搞学术和技术出身，由于工作重点长期落在研究开发领域，因此对企业管理一知半解。出于对技术的钟情与依恋，王总直接插手技术部门的事，把管理的层级体系搞得乱七八糟，其他部门敢怒不敢言，私下里无不怨声载道，让李先生与其他部门沟通协调备感吃力。

经过思考，李先生决定采用兼并策略，向王总建议。

他对王总说，真正意义上的领导权威包含着技术权威和管理权威两个层面，王总的技术权威牢固树立，而管理权威则有些薄弱，亟待加强。王总听后，若有所思。

李先生巧妙地兼并了王总的立场，结果获得了成功。后来，王总果然越来越多地把时间用在人事、营销和财务的管理上，企业的不稳定因素得到控制，公司运营进入了高速发展状态，李先生的各项工作也顺风顺水，渐入佳境。

从李先生的经历，我们可以得到很好的启发：兼并上司的立场，的确不失为向上司提意见的上等策略。首先，它没有排斥上司的观点，而是站在上司的立场上，最终是为了维护上司的权威，出发点是善意良性的；其次，这种策略是一种温和的方式，能够充分照顾上司的自尊，易被上司接受，效率较高；另外，它需要很强的综合能力，需要很高的社会修养。能够针对不同情况，不断提出有效率的兼并上司立场的意见，并非轻而易举。长期这样做下去，久而久之，自己个人的领导能力亦会迎风而长，甚至有一个飞速提升。

2.注意语气适当，措辞委婉

因为说得过火或过于渲染，涉及领导的尊严与权威，尺度掌握不准，搞不好就会有嘲讽、犯上之嫌，被领导误以为心怀不满，另有所指。所以下属一定要注意使自己的口气比较和缓，显示自己的诚恳和尊敬之情。特别是要使领导明确地认识到，你的所作所为都是出于做好工作的动机，是为领导设身处地地着想，而不是针对领导者本人有何不恭的看法。

"要想成功与上司交手，了解他的工作目标和其中的苦衷是极为重要的。"赖斯顿说："假如你能把自己看作是上司的搭档，设身处地替他着想，那么，他也会帮你的忙，实现你的理想。"

卡内基·梅伦大学的商学教授，《金领工人》一书的作者罗伯特·凯利，曾引述加利福尼亚某电影公司的一位程序设计员和他上司进行争辩的故事。当时，为了某个软件的价值问题，双方争执得僵持不下。凯利说："我就建议他们互换一下角色，以对方的立场再进行争辩。5分钟以后，他们便发现自己的行为有多么可笑，两个人都不禁大笑起来，接着，很快找出了解决的办法。"

遭遇批评后如何巧妙辩驳

被上级批评或指责，虽然应该诚恳而虚心地听取，但并非说你一定要忍气吞声，不管他说得对不对都要一股脑儿接受，必要时应该勇于辩护，并且要做积极的辩护。

有些人面临麻烦的事常用辩护来逃避责任，这就走到另一个极端了。这种推卸责任的辩护，倘一犯再犯，肯定会失去别人对你的信任。

有时候，做错了事责任不在下级，是由于上级的缘故，这时应大胆辩解。不辩解，只能使上级对你的印象更加恶化，而丝毫不会考虑到也有自己的责任。

所以，工作中，同事之间，尤其是下级与上级之间，由于地位不同而发生意见相左的情况时，不要害怕会被认为是顶撞，应积极地说明理由，沉默不语只能使问题更加复杂而难以化解。

辩解的困难点在于双方都意气用事，头脑失去了冷静。所以过于紧张和自责，反而会使场面更僵。在遇到这类棘手的对立状态时，更应该积极辩明，明确责任。其要点大概有以下几点：

（1）不要畏惧。不必害怕声色俱厉的上级，勇于进行合理的辩解。

（2）把握时机。寻找一个恰当的机会进行辩解也很重要。辩明应该越早越好。辩明越早，则越容易采取补救措施。否则，因为害怕上级责骂而迟迟不说明，越拖越误事，上级会更生气。

（3）对错误已经有了足够的认识。

（4）辩护时别忘了站在对方的立场上讲话。上级责备下级，当然是出于自己的观点。如果下级不了解这一点，一味认为自己受了冤枉，因此站在本身的立场上拼命替自己辩解，这样只能越辩越使上级生气。应该把眼光放高一点，站在对方的立场上来解释这件事，则容易被接受。

（5）辩解时不管是何种情况，都不要加上"你居然这么说……"。任何人都有保护自己的本能，做错事或和旁人意见相左时，便会积极地说明经过、背景、原因等。如果只顾自身利益，有失客观公正性，在上级看来，这种人顽固不化，只是找理由为自己辩护罢了。

（6）道歉时不要再加上"但是……"。千万不要说"虽然那样……但是……"这种道歉的话，让人听起来觉得你好像是在强词夺理，无理争三分。道歉时，只要说"对不起"，不必再加上"但是……"，如果面对的是性格坦率的上级，或许就可以化解彼此的矛盾。当然该说明的时候仍要有勇气据理力争，好让上级了解自己的立场。

和上司有分寸地开玩笑

高蝶上学的时候就非常聪明，老师说她的脑子灵活，言辞犀利，还有丰富的幽默细胞。无论上学还是工作，她都是大家的一颗"开心果"。

尽管如此，她在一家公司已经工作3年了，与上司的相处却不甚愉快。

到底是什么原因造成了这种现状，她自己也说不好。

那天，高蝶向研究心理学的表哥提到了这个问题，表哥问她："你平时有没有在言辞上对上司不敬啊？"

高蝶一愣，想她平时除了爱开玩笑，没有其他的毛病了，难道是她向上司开玩笑引起的？于是，高蝶想到了最近的几个玩笑。

那天，上司穿了身新衣服去上班，灰西装、灰衬衫、灰裤子、灰领带。同事都没有说话，只有高蝶高声地喊着："哎呀，穿新衣服了？"上司听了咧嘴一笑，她接着捂着嘴笑："哈哈，像只灰耗子！"

还有周五的时候，来了个客户找上司签字。当上司签完字后，对方连连称赞上司的字好，说："您的签名可真气派！"高蝶正好走进办公室，听到称赞声后，一阵坏笑："能不气派吗？我们上司可暗地里练了3个月呢！"当时她注意到上司和客户的表情都很尴尬，不过她也没有多想。

现在仔细一想，好像问题都出在这里。有时为了赶时间，高蝶很早就去公司上班了，所以加班时会满身疲惫，难免出点差错，上司不仅不体谅，还不分青红皂白地说她偷懒，怎么解释都不行。

当时觉得很委屈，目前看来，好像真正的原因很明了了！

玩笑开得好不仅可以增进人际关系，还能使你整个人充满魅力。但如果玩笑有人身攻击的成分，就是黑色玩笑了。很多人喜欢和别人开玩笑，却不知道玩笑也是要有分寸的，其实，黑色玩笑体现一个人人性的弱点：面对一个人或一件事时，会不自觉地挑刺，这是一种不良的思维习惯。

开玩笑没有分寸的人一定是热衷于挑刺的人，这类人往往被视为刻薄，容易引起他人反感。

首先，要学会宽容，学会挖掘别人的优点。只有你的眼睛里都是对方优点的时候，你的玩笑开起来才会动听。

其次，在和上司单独相处时，可以适当赞美对方的衣饰细节的变化，这样能迅速拉近双方间的距离。用这个方法，不仅能在紧急时刻迅速打破和上司之间的僵局，而且还能了解到不少上司的喜好。

10 句话让你决胜职场

在职场上出人头地，才干加上超时加班固然很重要，但懂得在关键时刻说适当的话，那也是成功与否的决定性因素。卓越的说话技巧、避免麻烦事落到自己身上、处理棘手的事务，等等，不仅能让你的工作生涯倍加轻松，更能让你名利双收。牢记以下 10 个句型，并在适当时刻派上用场，加薪与升职必然离你不远。

1. 以最婉约的方式传递坏消息：我们似乎碰到一些状况……
你刚刚才得知一件非常重要的案子出了问题，此时如果立刻冲到上司的办公室里报告这个坏消息，就算不关你的事，也只会让上司质疑你处理危机的能力，弄不好还惹来一顿骂、把气出在你头上。此时，你应该以不带情绪起伏的声调，从容不迫地说出本句，千万别慌慌张张，也别使用"问题"或"麻烦"这一类的字眼；要让上司觉得事情并非无法解决，而"我们"听起来是你与上司站在同一阵线，并肩作战。

2. 上司传唤时责无旁贷：我马上处理。

冷静、迅速地做出这样的回答，会让上司直觉地认为你是名有效率、听话的好部下；相反，犹豫不决的态度只会惹得责任本就繁重的上司不快。夜里睡不好的时候，还可能迁怒到你头上呢！

3. 表现出团队精神：同事的主意真不错！

同事想出了一条连上司都赞赏的绝妙好计，你恨不得你的脑筋动得比人家快；与其拉长脸孔、暗自不爽，不如偷沾他的光。方法如下：趁上司听得到的时刻说出本句型。一个不妒忌同事的下属，会让上司觉得此人本性纯良、富有团队精神，因而会对此人另眼看待。

4. 说服同事帮忙：这个报告没有你不行啦！

有件棘手的工作，你无法独立完成，非得找个人帮忙不可，于是你找上了那个对这方面工作最拿手的同事，对他说："没有你不行！"并保证他日必定回报；而那位好心人为了不负自己在这方面的名声，通常会答应你的请求。不过，将来有功劳的时候别忘了记上人家一笔。

5. 巧妙闪避你不知道的事：让我再认真地想一想，3 点以前给您答复好吗？

上司问了你某个与业务有关的问题，而你不知该如何作答，千万不可以说"不知道"。本句型不仅暂时为你解危，也让上司认为你在这件事情上头很用心，一时之间竟不知该如何启齿。不过，事后可得做足功课，按时交出你的答复。

　　6. 智退性骚扰：这种话好像不大适合在办公室讲噢！

　　如果有男同事的黄腔令你无法忍受，这句话保证让他们闭嘴。男人有时候确实喜欢开黄腔，但你很难判断他们是无心还是有意，这句话可以令无心的人明白，适可而止。如果他还没有闭嘴的意思，即构成了性骚扰，你可以向有关人士举发。

　　7. 不露痕迹地减轻工作量："我了解这件事很重要；我们能不能先查一查手头上的工作，把最重要的排出个优先顺序？"

　　首先，强调你明白这件任务的重要性，然后请求上司的指示，为新任务与原有工作排出优先顺序，不着痕迹地让上司知道你的工作量其实很重，若你有新任务的话，就要延后处理或转交他人。

　　8. 恰如其分的客气：我很想听听您对某件案子的看法……

　　许多时候，你与高层要人共处一室，而你不得不说点话以避免冷清尴尬的局面。不过，这也是一个让你能够赢得高层青睐的绝佳时机。但说些什么好呢？每天的例行公事，绝不适合在这个时候被搬出来讲，谈天气嘛，又根本不会让高层对你留下印象。此时，最恰当的莫过于一个跟公司前景有关，而又发人深省的话题。问一个大老板关心又熟知的问题，在他滔滔不绝诉说心得的时候，你不仅获益良多，也会让他对你的求知上进之心刮目相看。

　　9. 承认疏忽但不引起上司不满：是我一时失察，不过幸好……

　　犯错在所难免，但是你陈述过失的方式，却能影响上司心目中对你的看法。勇于承认自己的过失非常重要，因为推卸责任只会让你看起来就像个讨人厌、软弱无能、不堪重用的人，不过这不表示你就得因此对每个人道歉，诀窍在于别让所有的矛头都聚到自己身上，坦诚相告能淡化你的过失，转移众人的焦点。

10.面对批评要表现冷静：谢谢你告诉我，我会仔细考虑你的建议。

自己苦心的成果却遭人修正或批评时，的确是一件令人苦恼的事。不需要将不满的情绪写在脸上，但是却应该让批评你工作成果的人知道，你已接收到他传递的信息。不卑不亢的表现会令你看起来更有自信、更值得人敬重，让人知道你并非一个刚愎自用，或是经不起挫折的人。

汇报工作有讲究

在现代企业管理中，下级向上级汇报工作是再常见不过的了。特别是对那些经常要与老板打交道的员工或下属来说，在老板所交办的每一项工作完成之后，向老板进行必要的工作小结，更是必不可少的业务程序。

原则上说，只要是老板直接交办或委托他人交办的工作，无论大事小事，无论工作的结果是否圆满，均应向老板如实做出相应的汇报。

从管理的角度看，老板准确地掌握下属工作总结的材料，有利于及时掌握工作进度及管理运行状况。对于员工和下属而言，如能掌握相应的汇报工作技巧，不仅有利于其自身素质的提高，而且，会进一步改善其在老板心目中的形象。

汇报工作，不能太简单，也不能太啰唆，关键是要说到点子上，没有哪一个上司会喜欢啰里啰唆而又政绩平平的汇报者。汇报工作有时采取书面汇报，有时采取口头汇报，但不管是采取哪种形式，需要掌握的具有共性的技巧有4个方面：

1. 理清思路

你在向老板汇报工作之前，应冷静地对工作过程进行反思。至于先说什么，后说什么；哪些问题简略地叙述，哪些问题必须详细地说明，都必须理出一个比较清晰的思路来。如果对待一个问题你自己都不能拿出一个比较完整、比较清晰的思路时，你是无法或难以说服别人的。

汇报工作也是这样，如果不事先理清自己的思路，你是难以有条理地、层次分明地、有说服力地把自己做过的工作向老板汇报清楚的。

2. 突出重点

任何一项工作都有重点，即在任何工作程序中，各个环节的轻重缓急的分量是不同的。把握重点，常常意味着抓住了工作的要害。而这些要害问题又往往关系着企业和老板事业的大局或重大利益。所以，老板听你的汇报，或看你的汇报材料，所关心的根本问题，就是你对工作中的重点问题的处理结果。在具体操作时，你应掌握俗语所讲的"事不过三"的原则。即在一般情况下员工或下属向上司或老板汇报工作时，每次交谈的重点事项、关键问题，只谈1个或1件，最多不要超过3个或3件。

也许我们身边有很多这样的上级，他们在总结工作或做指示时，一般情况下总是"讲3条内容""提3点建议"或"希望大家从3方面去做好工作"。事实说明，那些往往把问题或意见或指示归纳为3个数，而加以罗列的领导人，大多都比较干练，且办事效率相当高。尽管这不是绝对的现象，但却是一个有趣的现象。

因此，员工或下属在向领导汇报工作或交谈时，注意每次只强调一个问题，只突出一个重点，最多不超过3个问题或3件事情。这不仅有利于老板或上司理清思路，迅速决断，同时，还会使老板或上司对你的能力和效率表示认同。

所以，从一定意义上讲，善于掌握重点，突出重点，并把重点问题向老板描述清楚，不仅是一个方法和技巧问题，更是一个素养和能力问题。

3. 删繁就简

无论是口头汇报，还是书面汇报，你都必须注意删繁就简。

所谓"删繁就简"，就是要把一切不必要的话语从汇报中予以删除。否则，就会出现两种不利的影响。一是让人感到你思维混乱，思路不清，不知所云；二是让人感到你文风不正，似有哗众取宠之嫌。更何况还有"话多有失"的时候。

4. 恭请老板评点

当你向老板汇报完工作之后，不可以马上一走了之。聪明人的做法是：主动恭请老板对自己的工作总结予以评点。

通常，老板对于下属的工作总结，大都会有一个评断，不同的是有一些评断他可能会讲出来，而另一些评断他则可能保留在心里。事实上那些保留在心里的评断，有时却是最重要的评断，对此，你绝不可大意。反之，你应该以真诚的态度去征求老板的意见，让老板把心里话讲出来。

对于老板的诚恳的评点，即便是逆耳之言，你均应以认真的精神、负责的态度去细心反思。因为，老板之所以成为老板，他肯定在很多方面或某些方面，有着强于你的优点。

老板的诚恳评点，无疑是他把自己的聪明智慧，无偿地奉献给了你，你何不乐意接受呢？

同时，也只有那些能够虚心接受老板评点的员工和下属，才能够被老板委以重任。

那些经常与老板打交道的员工和下属，如能掌握上述汇报工作的技巧，必定能不断提高工作能力和文化品位，同时也会受到老板的信任与赏识。

妙语生财，赢得客户的信任

如何通过说话建立信赖感

现代营销充满竞争，产品的价格、品质和服务的差异已经变得越来越小。推销人员也逐步意识到竞争核心正聚焦于自身，懂得"推销产品，首先要推销自我"的道理。要"推销自我"，首先必须赢得客户的信任，没有客户信任，就没有展示自身才华的机会，更无从谈起赢得销售成功的结果。要想取得客户的信任，可以从以下几个方面去努力。

1. 自信 + 专业

"自信等于成功的一半"，自信心对营销人员非常重要，它直接展示你的精神面貌，无形中向客户传递了你的信心。试想，一位推销人员对自己和公司都缺乏信心，那么要让客户信任和接受你则是很难的。

但我们也应该认识到，推销人员具备自信的同时，一味强调自信心显然又是不够的，因为自信的表现和发挥需要一定的基础——"专业"。也就是说，当你和客户交流时，你对交流内容的理解应该力求有"专家"的认识深度，这样让客户在和你的沟通中每次都有所收获，进而拉近距离，提升信任度。另一方面，自身专业素养的不断提高，也将有助于自信心的进一步强化，形成良性循环。

2. 提问消除对方疑虑

日本推销之神原一平在打消客户的疑惑，取得客户对自己的信任方面有一套独特的方法。

"先生，您好！"

"你是谁啊？"

"我是明治保险公司的原一平，今天我到贵地，有两件事专程来请教您这位附近最有名的老板。"

"附近最有名的老板？"

"是啊！根据我打听的结果，大伙儿都说这个问题最好请教您。"

"噢！大伙儿都说是我啊！真不敢当，到底什么问题呢？"

"实不相瞒，是如何有效地规避税收和风险的事。"

"站着不方便，请进来说话吧！"

"……"

突然地推销，未免显得有点唐突，而且很容易招致别人的反感，以至于被拒绝。应先拐弯抹角地赞美客户，打消客户的疑惑，取得客户的信赖感。推销便成了顺理成章的事了。

提出相关的问题，并善意地为顾客解决问题，做顾客的朋友，是打消顾客顾虑的有效方法。

3. 帮客户买，让客户选

推销人员在详尽阐述自身优势后，不要急于单方面下结论，而是建议客户多方面了解其他信息，并申明：相信客户经过客观评价后会做出正确选择的。这样的沟通方式能让客户感觉到他是拥有主动选择的权利的，和你的沟通是轻松的，体会我们所做的一切是帮助他更多地了解信息，并能自主做出购买决策。从而让我们和客户拥有更多的沟通机会，最终建立紧密和信任的关系。

4. 成功案例，强化信心保证

许多企业的销售资料中都有一定篇幅介绍本公司的典型客户，推销人员应该积极借助企业的成功案例，消除客户的疑虑，赢得客户的信任。在借用成功案例向新客户做宣传时，不应只是介绍老客户名称，还应有尽量详细的其他客户资料和信息，如公司背景、产品使用情况、联系部门、相关人员、联络电话及其他说明等，单纯告知案例名称而不能提供具体细节的情况，会给客户留下诸多疑问。比如，怀疑你所介绍的成功案例是虚假的，甚至根本就不存在。所以，细致介绍成功案例，准确答复客户询问非常重要，用好成功案例能在你建立客户信任上发挥重要作用——"事实胜于雄辩"。

以顾客感兴趣的话题开头

推销通常是以商谈的方式来进行，但是如果有机会观察推销员和客户对话时的情形，就会发现这样的方式太过严肃了。

对话之中如果没有趣味性、共通性是行不通的，而且通常都是由推销员迎合客户。倘若客户对推销员的话题没有一点点兴趣的话，彼此的对话就会变得索然无味。

推销员为了要和客户之间培养良好的人际关系，最好尽早找出共通的话题，在拜访之前先收集有关的情报。尤其是在第一次拜访时，事前的准备工作一定要充分。

总之，询问是绝对少不了的，推销员在不断地发问当中，很快就可以发现客户的兴趣。

例如，看到阳台上有很多的盆栽，推销员可以问："你对盆栽很感兴趣吧？假日花市正在开兰花展，不知道你去看过了没有？"

看到高尔夫球具、溜冰鞋、钓竿、围棋或象棋，都可以拿来作为话题。

打过招呼之后，谈谈客户深感兴趣的话题，可以使气氛缓和一些，接着进入主题，效果往往会比一开始就立刻进入主题好。

天气、季节和新闻也都是很好的话题，但是大约1分钟左右就谈完了，所以很难成为共通的话题。

关键是在于客户感兴趣的东西，推销员多多少少都要懂一些。要做到这一点必须靠长年的积累，而且必须靠不懈地努力来充实自己。

被推销者通常对推销者敬而远之，说得不客气，是深恶痛绝，这是劣质推销文化造成的。经验丰富的人甚至练就了拒绝推销的高招，拟好了各种各样的借口和理由，准备给来犯的推销员当头一棒。聪明的推销员会审时度势，有时候避免正面推销，从对方意想不到的角度切进去。那就是：投其所好。

股票、体育、影视、文学、曲艺、商业……人的兴趣多种多样，一个人不可能样样精通，你没有必要什么都学。人的精力是有限的，你了解一些常识就够了。你要做的仅仅是引起特殊话题，多多应和。如果在交谈中，你的知识确实不足以跟上对方的思路，达不到奥妙的境界，那又有什么大不了？你可以说："我一直想学××（或了解××），可就是学不好。你这么精通，真是了不起！"

投其所好，对对方最热心的话题或事物表示真挚的热心，巧妙地引出话题后，多多应和，表示钦佩。

美国超级推销员乔·吉拉德曾因一时分心丢了一单快到手的生意。那一次，一位即将签约的准客户兴致勃勃地说起他上医学院的儿子，而乔·吉拉德心不在焉，侧耳听其他推销员讲的话，准客户突然说他不想买车子了……后来，吉拉德好不容易弄清对方是因为他在说"儿子、儿子、儿子"时，吉拉德都念叨"车子、车子、车子"，才转而找别人买了车！

光知道这些道理还不够。一个出色的推销员是利用种种因素积极行动的人。怎么做？一点都不难。拍一拍对方的孩子，聊一聊对方孩子的成绩，问一问对方的孩子、配偶、父母的健康状况等。

重要的是，你问过的事情一定要记住，不要问好几次同一件事情却依然记不住，那可就表明你根本没有诚心！

满足客户的优越感

你能想到日常生活品中有哪种植物的价格会超过钻石吗？在某年 4 月 18 日，在美丽的天堂杭州，就冷不丁冒出了一种：二两西湖龙井御茶，拍卖了 14.56 万元，也就是每 500 克 72.8 万元，也就是每公斤 145.6 万元，这个天价远胜黄金、贵比钻石。

美国制度学派经济学家凡勃伦如果活着，听到这个消息的话一定会开怀一笑。凡勃伦最早注意到存在于消费者身上的一种商品价格越高反而越愿意购买的消费倾向，于是有了"凡勃伦效应"之称。在凡勃伦效应中的消费目的，已不仅仅是为了获得直接的物质满足与享受了，而更大程度上是为了获得一种社会心理上的满足，甚至以期获得更广泛的社会广告效应。这种"炫耀性消费"，或者说是"炫耀性投入"，似乎越来越受欢迎了，无论是个人消费者还是单位消费者，都乐滋滋地一头扎进去。

"凡勃伦效应"在经济学领域得到了广泛证实，同样是一种经济活动，在推销工作中我们也可以得到一些启示。

人人都有虚荣心，只是程度不同罢了，先看两个实例。

陈冬是百货公司的副经理。一天，他看到售货员和一位顾客在谈论一款冰箱，便走过去说道："这款冰箱很好，不是吗？"

"我看并不是很好。"那位妇女摇摇头回答。

"怎么，你认为这款冰箱不好，是吗？这款冰箱是由全国一流的工程师联合研制成功的，不管从外观、容量和结构，还是从性能和效果方面来看，都是很好的。你对这冰箱有哪些地方不满意呢？"

"这几点倒还可以，只是不应该把那个圆圆的东西装在顶上，多难看啊！"

"这你就不懂了，正是顶上那个圆盖子，才使它看上去与众不同。现在市面上的那些冰箱，都是方方正正的，太死板。说不定你买了这款冰箱回去，邻家的太太见了一定羡慕不已，说你买了一台好冰箱呢！如果你买一台那种普通的冰箱回去，邻居见了，也不觉得怎么新奇，也许看一下就忘掉了，不是吗？"

陈冬说完就告辞离开了。这位妇女越想越觉得很有道理，于是便爽快地买了那款冰箱。

任何人都希望别人羡慕自己，对别人的认可在内心从不拒绝，这位妇女也一样。陈冬正是抓住这一点，潜移默化地引导这位妇女进入他预先布置好的"圈套"，最后不知不觉地将冰箱销售出去了。

对待某些顾客要以熟悉的话题，为他提供发表高见的机会，不要轻易反驳或打断其谈话。在整个推销过程中推销员不能表现太突出，不要给对方造成对他极力劝说的印象。如果在推销过程中你能使第三者开口附和你的顾客，那么他就会在心情愉快的情况下做出令你满意的决策。

我们所处的时代是强者辈出的时代，很多人都会感到自卑，感到和别人的差距，他（她）需要得到别人的赞美才能够很自信地活下去。

推销员一定要让自己的客户有优越感。毕竟每个人都需要赞美，而能让人得到满足的最好方法就是让对方产生优越感。

虽然生活中不缺乏功成名就的成功人士，但是并不是每一个人都能功成名就，也并不是每一个功成名就的人都能使自己的优越感得到满足。在现实中，我们的大部分人都过着平凡的日子。每个人在日常的生活中都要承受来自许多方面的压力。正是因为人们普遍是这种状态，所以绝大多数的人都想尝试一下被别人认可的滋味，因此也喜欢那些能满足自己优越感的人。

对于推销员来说，客户的优越感一旦被满足，初次见面的警戒心就会消失，彼此的心理距离就会无形地拉近了，双方的交往就能向前迈进一大步。

但是需要注意的是，巧妙的赞美虽然能够满足一些人的优越感，但是拙劣的奉承往往会激怒客户。因此，赞美一定要选择较好的时机和选择恰当的人。一般来说，让人产生优越感最有效的方法是对于他自己感到骄傲的事情加以赞美。

此外，对于推销员来说，还必须保证他的赞美不能说得过多，说得过多很容易使客户产生厌倦，认为这个推销员不够牢靠诚实。对不同客户的赞美应该是不同的，而且最好别在同一场合对不同客户同时加以赞美，这样显得推销员的赞美分文不值。

赞扬客户身上的闪光点

对客户的能力和品格进行美化，这是销售成功必备的细节。想想看，谁不愿意听到美化自己的语言呢？谁又不认同美化自己的人呢？找到客户身上的闪光点，将它在合理的范围内合理放大，相信你总是受欢迎的。

有的推销员更是胜人一筹，在推销自己的产品之前先对对方的某个产品大赞一番，人们崇尚礼尚往来，我说你的产品好，再提到我的产品时，你还会给我泼冷水吗？

"我工作时，常用贵公司制造的收音机。那台收音机的品质极佳，我已经用了5年，还完好如新，没发生过故障。真不愧是贵公司生产的，就是有品质保证。"一个纸张推销员在推销本公司产品之前这样说道。

当然，他非常懂得怎样去丰富他的赞美之词，他不仅说出自己对对方公司的商品有兴趣，还具体地说明了他实际使用后，该商品的特征与性能，从而使自己评价的重点有了价值：

"或许大家不知道，我现在仍使用贵公司 20 年前生产的扩音器。其间，我也买过好几次别的产品，但不是发生故障，就是声音难听，结果还是买贵公司的产品划算。贵公司的产品真是好用，即使用了 20 年，比起现在的新产品也毫不逊色，真是令人佩服。"

"是的，本公司生产的扩音器都是采用进口技术的，材料把关也相当严格，所以非常耐用。现在市场上这样有质量保障的品牌为数不多，你真是有眼光，我看你们公司的产品也挺不错嘛，能让我试用一下吗……"对方再也忍不住要和他沟通起来。

适度赞美的话令人感到开心和快乐，而对于说话的人也没有任何损失，何乐而不为呢？

伊斯曼曾经在曼彻斯特建过一所伊斯曼音乐学校。同时，为了纪念他的母亲，还盖过一所著名戏院。当时，纽约高级座椅公司的总裁亚当森想得到这两座建筑里的大笔座椅订货生意。

亚当森被领进伊斯曼的办公室，伊斯曼正伏案处理一堆文件。

过了一会儿，伊斯曼抬起头来，说道："早上好！先生，有事吗？"

亚当森满脸诚意地说："伊斯曼先生，在恭候您时，我一直欣赏着您的办公室，我很羡慕您的办公室，假如我自己能有这样一间办公室，那么即使工作辛劳一点我也不会在乎的。您知道，我从事的业务是房子内部的木建工作，我一生还没有见过比这更漂亮的办公室呢。"

伊斯曼回答说："您让我记起了一样东西，这间办公室很漂亮，是吧？当初刚建好的时候我对它也是极为欣赏。可如今，我每来这儿时总是盘算着许多别的事情，有时甚至一连几个星期都顾不上好好看上这房间一眼。"

亚当森走过去，用手来回抚摸着一块镶板，那神情就如同抚摸一件心爱之物，"这是用英国的栎木做的，对吗？英国栎木的组织和意大利栎木的组织就是有点儿不一样。"

伊斯曼答道："不错，这是从英国进口的栎木，是一位专门同细木工打交道的朋友为我挑选的。"

接下来，伊斯曼带亚当森参观了那间房子的每一个角落，他把自己参与设计并监造的部分一一指给亚当森看。

这时候，他们的谈话已进行了 2 个小时了，亚当森轻而易举地获得了那两幢楼的座椅生意。

告诉他别人也买你的东西

你知道反馈意见的另一个重要意义吗？换句话说就是在推销的时候，告诉他别人也买你的东西。机敏的推销员把它幻化成了一个模板，搬到了推销谈判桌上。

"×× 先生，我很高兴您提出了关于 ×× 的问题。这是因为我们在 ×× 方面做了调整。因为我们的设计师认为，在经过这样的变化之后，更有 ×× 作用，虽然 ××，但它能够在 ×× 方面节约您的成本与开支。"

如果客户说："你们的 ×× 产品定价太高，我们可负荷不了。"这也就是告诉你，"我们的要求其实很低，不需要支付这么昂贵的价格。"发生这种事情时，我们没有必要非得强调我们的价格定得多么合理，这样容易发生口角，伤害与客户之间的感情而又无济于事。你可以换一种方法用柔和的语气说：

"我能理解您此时的感受，××先生，在××公司工作的B先生给我们寄来了感谢信，他说到我们公司产品的一些优点，如果您需要，我可以给您看一看他给我们的来信。"这时，毕竟客户也处在犹豫不决的时刻，他也希望有成功应用该产品的案例。

　　人们在购买商品时，常常有模仿他人的举动，推销员都会利用这一点。商场营业员对顾客说："买这种型号电冰箱的人挺多，我们平均每天要销出50多台，旺季时还需预订才能买到现货。"

　　家具厂厂长对采购员介绍本厂市场销售情况："这个月到今天为止，我厂已同100多家用户签订了供货合同，他们有来自本地的，也有远道从外省赶来的。瞧！这就是他们的订货合同。"

　　顾客在购买商品之前，会对商品持有一定的怀疑态度，但对于有人使用并具有相当好评价的物品，顾客就比较放心和偏好。推销员有效利用这一点，会大大提高业务效率，因为借助于已成交的一批顾客去吸引潜在顾客，无疑增强了推销论证的说服力。尤其是已成交的顾客是非常知名的人物时，你的说服就更加有力量了。

　　乔思转行成为一家珠宝店的推销员，有一次，他到北方一个小城去推销玉镯，当时很多人都笑话他，因为那个地方的人终年都穿着长袖，手臂很少外露，所以，这个地方的人并没有戴玉镯的习惯和喜好，如果到这里去卖玉镯、手链这样的装饰品，他的大脑肯定有问题。

　　刚好当时有一位著名歌手到这个城市演出，他灵机一动，送了那位歌唱家一对玉镯，唯一的要求就是在演出的时候，一定要戴上。在演出现场，皓臂玉镯相得益彰，一下子吸引了不少人的兴趣。而且，在演出中，那位歌唱家更换了多套衣服，有长袖也有短袖，但她一直戴着那对玉镯，而无论她穿什么样的衣服，玉镯的光芒总是忽隐忽现地透露出来。

接下来，他的推销工作开始了，事实上，已经开始一大半了，因为他在推销时说："瞧，那晚××歌唱家演出时戴的就是这对玉镯，相信你戴上也能和她一样美丽动人。"

很快，那座城市掀起了佩戴玉镯的潮流，乔思的推销工作自然也获得了巨大成功。

在推销中善用榜样，那种离现实生活不太遥远的榜样更要利用起来，比如顾客认识的人，甚至是他的亲戚、他的邻居。

一位图书公司推销员对客户说："王主任，你认识县商业局的教育科长老李吗？他刚从我这里买去500本书，我想你们县物资局跟他们那儿情况差不多，也迫切需要有关市场经营与企业管理方面的书籍，你说是吗？"

一位推销家用小电表的促销员向顾客介绍产品时，总是这样开头的："我看你邻居家安装的就是这种型号的电表，可省电啦！"无论这笔生意是否谈成，像这样的宣传旁证在顾客心目中会留下很深的印象，自然引发对推销的产品注意。

现实生活中的榜样太多了，你应该多用心去发掘，必要时候就把他们"抬"出来，他们的说服力估计比你直接费唇舌要强得多。

主动承认自己产品的缺点

俗话说"家丑不可外扬"，对推销员来说，如果把自己产品的缺点讲给客户，无疑是在给自己的脸上抹黑，连王婆都知道自卖自夸，见多识广的优秀的推销员怎么能不夸自己的产品呢？

其实，宣扬自己产品的优点固然是推销中必不可少的，但这个原则在实际执行中是有一定灵活性的，就是在某些场合下，对某些特定的客户，只讲优点不一定对推销有利。在有些时候，适当地把产品的缺点暴露给客户，是一种策略，一方面可以赢得客户的信任，另一方面也能淡化产品的弱势而强化优势，适当地讲一点自己产品的缺点，不但不会使顾客退却，反而能赢得他的高度信任，从而更乐于购买你的产品。因为每位客户都知道，世上没有完美的产品，就好像没有完美的人，每一件产品都会有缺点，面对顾客的疑问，要坦诚相告。刻意掩饰，顾客不但不相信你的产品，更不会相信你的为人。

平庸的推销员奉行一个原则，就是永远讲自己产品的优点，从来不讲自己产品的缺点。他认为，那样自曝家丑，怎能卖出去产品呢？而优秀的推销员就懂得这个道理，他知道在什么时候巧用这个规则可以使推销取得成功。下面就是一个这样的优秀的推销员的例子。

一个不动产推销员，有一次他负责推销 K 市南区的一块土地，面积有 80 平方米，靠近车站，交通非常方便。但是，由于附近有一座钢材加工厂，铁锤敲打声和大型研磨机的噪声不能不说是个缺点。

尽管如此，他打算向一位住在 K 市工厂区道路附近，在整天不停的噪声中生活的人推荐这块地皮。原因是其位置、条件、价格都符合这位客人的要求，最重要的一点是他原来长期住在噪声大的地区，已经有了某种抵抗力，他对客人如实地说明情况并带他到现场去看。

"实际上这块土地比周围其他地方便宜得多，这主要是由于附近工厂的噪声大，如果您对这一点不在意的话，其他如价格、交通条件等都符合您的愿望，买下来还是合算的。"

"您特意提出噪声问题，我原以为这里的噪声大得惊人呢，其实这点噪声对我家来讲不成问题，这是由于我一直住在10吨卡车的发动机不停轰鸣的地方。况且这里一到下午5时噪声就停止了，不像我现在的住处，整天震得门窗咔咔响，我看这里不错。其他不动产商人都是光讲好处，像这种缺点都设法隐瞒起来，您把缺点讲得一清二楚，我反而放心了。"

不用说，这次交易成功了，那位客人从K市工厂区搬到了K市南区。

优秀的推销员为什么讲出自己产品的缺点反而成功了呢？因为这个缺点是显而易见的，即使你不讲出来，对方也一望即知，而你把它讲出来只会显示你的诚实，而这是推销员身上难得的品质，会使顾客对你更加信任，从而相信你向他推荐的产品的优点也是真的。最重要的是他相信了你的人品，那就好办多了。

有的产品的缺点即使一时看不出来，顾客回去一打听也很容易得知，你还不如当时就给他讲清楚。理智型的顾客明白，任何产品都是不可能没有缺点的，你讲出来，他会觉得很正常，他还会觉得其他产品的缺点不过是推销员不告诉他罢了。如果那个缺点不是什么大缺点，无关紧要，而对方又比较懂行，那么只会对你的推销有利。

优秀的推销员善于灵活使用这个方法，他会根据商品的不同情况，根据客人的不同情况，清楚地说出商品的缺点和优点，从而取得客户的信任，促成购买。

先肯定再转折，以消除客户异议

推销员要善于间接否定顾客异议，用肯定与否定法，你就可以做到。具体做法是：先肯定、赞同顾客的看法，然后用一转折词，将顾客的异议予以否定。

采用该法，由于是先同意顾客异议的合理性，然后在重复顾客异议的过程中，巧妙地转移话题来阐明自己的观点，因而能较容易地与顾客沟通感情，避免顾客产生失望情绪和抵触心理，以消除顾客的疑问，营造和谐的气氛。

齐德勒是一位烹调器的推销员。一次，他在向一位家庭主妇做了产品介绍后，约好第二天再去拜访她。到了第二天，这位家庭主妇虽然在家等着他的拜访，但听了他对产品进一步的说明后，便说还要再想一下，这件事还要同丈夫商量之后才能做决定。

这时，齐德勒虽然知道这次成交的机会不大，但他走前想要确定这位妇女是有意拖延，还是确实有理由不买；是真想要和丈夫商量，还是想打发他走。于是他说："这很好，我到晚上再来，可以吗？"主妇拖延着不置可否。于是，齐德勒提出："让我问你一个问题，什么时候你的丈夫带食品回家？"她反问："你这是什么意思？他根本不带食品回来。"齐德勒问道："那谁买呢？"她说："当然我买。"齐德勒问："你经常买吗？"她说："当然。"齐德勒紧接着问："食品很贵吧？一星期的食品将花费你20元或25元，是吗？"她说："什么20元或25元！应当是120元或125元，你大概从来没买过食品吧？"齐德勒说："是的，让我做个保守一点的估计，你每星期花费在食品上至少50元，可以吗？"她说："可以。"

接着，齐德勒拿出一个笔记本，对她说："夫人，你每星期花费 50 元买食品，一年下来，那将花费 2500 元以上。你刚才告诉我，你已结婚 20 年了，这 20 年来，每年 2500 元，共花费了 5 万元，这是你丈夫信任你，让你买的，你总不会每次把食品都给他看吧？"她听完后笑了。齐德勒说："夫人，你丈夫既然信任你用 5 万元买食品，他肯定会让你再花 400 元买烹调器，以便更好、更节省地烹调下一个 5 万元的食品。"就这样，齐德勒卖出了一套烹调器。

　　当然，这种想方设法地加以化解的技巧是建立在正确判断顾客异议，掌握顾客真正想法的基础上的。

朋友相处，巧打圆场赢人气

替别人找个台阶下

在和朋友相处的过程中，难免会遇到一些尴尬的事情，让气氛骤然紧张、难堪，学会替别人找个下台的借口，不仅会缓和对方的紧张心理，让事情得到顺利发展，而且还会让彼此的友谊得到进一步的增进。要达到这样的目的，我们不妨学习使用以下的技巧：

1.给对方找一个善意的动机

突然间发现别人的失误或错误行为，但不会导致重大的损失出现时，我们应尽量克制自己的情绪，以平静如常的表情和态度装作不解对方举动的真实意图和现实后果，并且给对方找到一个善意的动机，让事态的发展按照自己所希望的方向推进，以免把对方逼到窘迫的境地。

2. 换一个角度思考问题

在许多情况下，面对尴尬下不来台是因为思维框定在正常的状态之中，这对事态的发展毫无作用。如果我们换一种角度对其尴尬的举动做出巧妙、新颖的解释，便可使原本的消极举动具有另外的内涵和价值，成为符合常理的行动。

有一次全校语文老师来听安老师讲课，校长也光临"指导"，这下可使小安犯难了。他既怕课讲得不好，又担心有的学生回答时成绩不佳，有失面子。

课上，他重点讲解了词的感情色彩问题。在提问了两位同学取得良好效果后，接着提问校长公子："请你说出一个形容 ××× 的美丽的词或句子。"

或许是课堂气氛紧张，或许是严父在场，也可能兼而有之，这个学生一时为难，只是站着。

空气凝固。王老师和校长都现出了尴尬的脸色。很快，这位老师便恢复正常，随机应变地讲道："好，请你坐下，同学们，B同学的答案是最完美的，他的意思是这个人的美丽是无法用文字和语言来形容的。"

听课者都发出了会心的微笑。

把话亮出来说

有些朋友彼此太熟了，再用文绉绉、有模有样的说话方式交谈，朋友会觉得你"假"，所以和熟的朋友说话不必一本正经。这种沟通法也有好处，不容易有心结，心里有什么话，就亮出来。像是撒把胡椒粉，不容易有心结，心里有什么打个喷嚏，但是

"喷"完了，也就没事了。

萧伯纳和丘吉尔两人，虽然一个在文坛，另一个在政界，但却是相知的好朋友。两个人的关系，由他们之间信函往来的内容就看得出来。

萧伯纳有一场新剧要在伦敦首演。他特别送了两张入场券给丘吉尔，还附上一张写着寥寥数语的便信：

"附上拙作演出入场券两张，一张给你，一张给你的朋友——如果你还有朋友的话。"

在政界一向饱受政敌攻击的丘吉尔看了哈哈大笑，随即回了一封也只写了几句话的便条：

"很抱歉，我今晚没空，但是我会和朋友明晚去观赏——如果你那场戏明晚还能继续上演的话。"

新剧上演前，萧伯纳一位要好的在银行工作的朋友也写了一封信给他：

"听说你的新剧就要上演了，送给我前排的入场券10张，以便分送朋友观赏如何？"

这位朋友也收到了萧伯纳的回信：

"听说贵行的新钞票已经出笼了，送给我大额票面的钞票10张，以便分送亲朋好友花用如何？"

曾两度竞选美国总统均败在艾森豪威尔手下的史蒂文森，从未失去幽默。在他第一次荣获提名，竞选总统时，他承认的确受宠若惊，并打趣说："我想得意扬扬不会伤害任何人，也就是说，只要不吸入这空气的话。"在他竞选败给艾森豪威尔的那天早晨，他以充满幽默力量的口吻，在门口欢迎记者进来："进来吧，来给烤面包验验尸。"几年后的一天，史蒂文森应邀在一次餐会上演讲。他在路上因为阅兵行列的经过而耽搁，到达会场时已迟到了。他表示歉意，并一语双关地解释说："军队英雄老是挡我的路。"

他用谈笑的口吻大大提高了自己的人气和威信，赢得了朋友们一致的尊重和爱戴。

有着高明的"说笑"技巧的说话高手，在人群里一向都会是最受欢迎的人物。说笑的时候大可放心，因为伤不了人，所以一旦遇到有什么状况发生，心胸宽大地拿自己来嘲笑一番，最能虏获人心。让人哈哈一笑，不但化解了尴尬，也缓解了大家的紧张情绪。

有一回北宋宰相王安石骑马游极宁寺，马儿由马夫牵着，王安石坐在马上放眼浏览四周的景致，心情十分愉快。

没想到，马夫一个疏忽，竟然让马儿受惊，马失前蹄，王安石由马背上摔了下来，这下大伙儿可紧张了，尤其是马夫紧张得手足无措。

众人赶快扶起王安石，幸好他毫发无伤。王安石看了看趴在地上吓得直打哆嗦的马夫，一言不发地跨上马背，然后用马鞭指着马夫说："幸亏我的名字叫作王安石，要是叫王安瓦，这下可要摔得粉碎了！"

一句话说罢，他用鞭子轻打了一下马屁股，继续向前行进，一句妙语让四周的人哈哈一笑，解除了紧张的场面。马夫擦了擦额头上硕大的汗珠，松了一口气。

在朋友之间，懂得如何说笑的人是最受人欢迎的，照着以下的方法自我调适，就能让人际关系向前更迈进一步：

1. 放下身段

不管是什么身份，如果想要受人欢迎，就得要放下身段。想想看，谁会愿意接近一个成天紧绷着脸，眼睛长在头顶上的人。

2. 把话说得亲切点儿

话说得太高雅了，就会拉出距离。"嗨！穿得这么美干什么？要迷死人啊！"这句赞美就比"嗨！你今天穿的衣服非常漂亮！"要来得亲切。

3. 偶尔装糊涂

没有人喜欢成天看一本正经的苦瓜脸，偶尔装糊涂，就算嘴里讲着歪理，也不会有人怪尔，反而会跟着轻松起来插科打诨一番。

不仅是朋友之间，如果夫妻、亲子之间也以这种方式相处，就会有一个甜蜜温馨、让人一下了班就想要赶回去的家！

4. 说起话来可别像老师上课

就算再有道理，也别把话说得硬邦邦，让人听了不舒服。在朋友之间说理，只要点到为止就好，别成天婆婆妈妈的，让人见了退避三舍。

5. 把热情拿出来，把诚恳写在脸上

朋友之间遇到麻烦需要有人处理时，尽管举起手来大声说："让我来！"时常打个电话问候一下，别在有求于人时才登门拜访，结结巴巴地说："无事不登三宝殿。"

忠言也顺耳

忠告，对于帮助他人和与他人建立真诚的友谊，起着难以替代的重要作用。反过来讲，不能给予他人忠告的人不是真诚的人，这种人不会将自己的真实感受告诉对方。也就是说，不爱别人的人是不会给予他人忠告的，不被人爱的人也同样得不到忠告。因此，我们应该欢迎忠告。

尽管如此，为什么一般人都讨厌忠告，忠告为何听起来总不顺耳呢？

究其原因，就在于一般人容易受感情支配，即使内心有理性的认识，但仍易受反感情绪的影响而难以听进忠言。

有一个中学生很贪玩，整日在外游荡，不爱学习。

有一天，他大彻大悟了，下决心要好好学习。当他刚一走进家门，他母亲就急不可耐地忠告儿子：

"你又到哪里野去了？还不快去复习数学，看你将来怎么考大学！"

"哼，上大学，上大学，我就信不上大学就混不出人样！"

受逆反心理驱使，一气之下，儿子又跨出了家门，母亲的一番苦心白费了。

看来，仅有为别人着想的良好愿望还不行，忠告也需要技巧，否则就会起到相反效果。那么给人忠告时需要怎么做才能让其听着顺耳起来呢？

1. 谨慎行事

说到底，忠告是为了对方，为对方好是根本出发点。因此，要让对方明白你的一番好意，就必须谨慎行事，不可疏忽大意。此外，讲话的态度一定要谦和诚恳，用语不能激烈，也不必过于委婉，否则对方就会产生你在教训他的感觉而产生反感情绪。

2. 选择时机

例如，当下属尽了最大努力而事情最终没有办好时，此时最好不要生硬地向他们提出忠告。如果你这时不合时宜地说"如果不那样就不致这么糟了"之类的话，即使你指出了问题的要害且很在理，可下属心里却会顿生"你没看见我已在拼命了吗"的反感，效果当然不会好了。相反，如果此时你能说几句"辛苦你了""你已做了最大的努力""这事的确比较难办"之类的安慰话，然后再与部下一起分析失败的原因，最终部下是会欣然接受你的忠告的。

除此之外，在什么场合提出忠告也很重要。原则上讲，提出忠告时，最好以一对一，避开耳目，千万不要当着他人的面向对方提出忠告。因为这样做，对方就会受自尊心驱使而产生抵触情绪。

3. 不要比较

忠告的第三个要素，就是不要以事与事、人与人做比较的方式提出忠告。因为此时的比较，往往是拿别人的长比对方的短，这样很容易伤害对方的自尊心。

"小于，你看人家小熊哪天不是安安静静的，而你总是疯玩疯闹，你就不能学学人家吗？"母亲痛切地对女儿说。

"她乖，她好！你认她做女儿算了，我走！"女儿嚷道。虽然女儿明明知道自己的缺点，但出于自尊心，她没好气地顶撞着母亲。母亲的劝告失败了。

与朋友说话时的 3 大禁忌

不要以为对方是你的朋友，是认识你的人，说话就毫无忌惮。有的时候，可能是你自己的一个小习惯，在说话的时候无意间表现出来，惹得双方都不愉快。

那么在和朋友说话时，就要注意以下 3 大禁忌：

1. 最忌讳废话

人与人之间交流的时候，最忌讳的是多言或废话，尤其是用一句话能说清楚的事情，或者简单几句话就能表达出的意思，就不要说过多无用的话。其实朋友之间很多的话不必说得非常明白，对方也能领会，要对对方有信心。当然，这是一种沟通的技巧，需要双方的默契。

所谓最好的说话技巧，就是能够在话题开始的时候，很自然地把意思表达出来。如果为了表达一个意思，不断地解释，增加不必要的废话，只能招人讨厌。

2. 炫耀又爱说教，是最糟糕的习惯

每个人都有爱表现的心理，只不过各自表现的方式不一样。其实习惯说废话的人就是出于一种爱表现的心理，这样的人让人难以接受，但是如果你不仅废话多，还喜欢炫耀和说教，那简直让人无法忍受了。

从心理学角度看，爱表现其实是一种反映当事人向上求进步的愿望，所以并非坏事，但凡事总要有个限度，如果过于炫耀自己，比如学历、职业、出身，等等，还喜欢对别人说三道四，那必定会失去朋友，大家都会对你敬而远之。

其实，喜欢炫耀自己、对别人说三道四的人往往并没有多少才学，这样做不过是一种自卑的表现，拿自己仅有的优势招摇，就怕别人不知道。真正有才学的人是不会这样做的，因为他们知道，不用语言，人们迟早会知道自己的优点。

喜欢炫耀的人，习惯不停地说"我如何如何……"，不停地向周围人表达自己的见解，而且还动不动就训斥别人，用说教的口气切断自己的人际关系。如果你喜欢对比你辈分低或地位低的人说教，不仅不会让对方对你产生尊敬，还会觉得你是在说大话，对你产生逆反心理。如果辈分或地位一样，你的说教只能让人家觉得你是在炫耀自己，你是一个非常骄傲、不值得信任的人。

这样说并不是不让你指出对方的不足，任凭错误发生，而是不要在说话的时候加上"如果是我……"或者"我曾经……"这一类的话，这样的表达方式只能让人一听就觉得厌烦，你最初的目的可能会造成相反的结果。

3. 过高的音量只会有损你的形象

不知道你有没有注意过自己说话的音量？相信大多数人都没有注意到，除非是熟识的人提醒你，否则你自己都不会意识到这个毛病。

尖锐的高音往往能在你无意的时候破坏你的形象。从医学角度讲，某种声音的音频超过一定程度，就会让听到的人产生不安的情绪，严重的时候还会让人变得焦躁。

春节前，白若德所在的公司计划订一个场地组织活动，白诺德就根据广告上的电话进行联系。

第一个电话一接通，白若德就被电话里传来的声音吓了一跳。对方是位大嗓门的女士，不仅语速快得让人听不清，而且她的嗓音很尖锐，甚至让白若德感到头疼。放下电话，她知道绝对不能和这家合作。

几个电话后，白若德从话筒里听到了一个很淳厚的嗓音，对方的声音让她很满意，双方很快谈妥了活动方案。

不出白若德所料，这次活动非常成功。

低沉的声音其实可以给人以一种稳重、权威的感觉，让人觉得你是可靠、可信的。运用适当的声音音量，可以表明你的修养。负责接电话的人，如果声音低沉有力，则会给人以安全感，能让听的人觉得值得信任。相反，尖锐的过分高音可能让人觉得你没有教养，甚至会对你失去信任。

谁都知道"有理不在声高"的道理，在与人发生矛盾冲突的时候，高音量并不会为你争取到优势，反而会让人造成误解，觉得你是因为心虚才这么大声音的，就可能造成"有理变没理"的局面。

如何从闲聊中加深感情

有人认为聊天是极为浪费时间的事，岂知一般朋友间的交情多半是从"闲谈"开始的。实际上，之所以有些人"能说会道"、关系广泛，就是因为他们"闲谈"的功夫很棒。

但有些人就是不喜欢"闲谈"，他们觉得"今天天气怎么样"和"吃过早饭了吗"这一类的话，都是无聊的废话，他们不喜欢谈，也不屑于谈，他们不知道像这一类看起来好像没有意义的话，却还是有一定作用的。什么作用呢？就是加深朋友间感情的准备作用，就像在踢足球之前，蹦蹦跳跳，伸手踢脚，做一些热身运动一样。

一般的交谈总是由"闲谈"开始的，说些看起来好像没有什么意义的话，其实就是先使大家轻松一下、熟悉一点，造成一种有利于交谈的气氛。

交谈都是由"闲扯"开始，比如说天气，而天气几乎是中外人士最常用的最普遍的话题。天气对于人生活的影响太大了，天气很好，不妨同声赞美；天气太热，也不妨交换一下彼此的苦恼；如果有什么台风、暴雨或是季节性流行病的消息，更值得拿出来谈谈，因为那是人人都关心的话题。

什么事都有一个良好而又艰难的开端，就是交谈这样看似简单的事情也不例外。开始交谈，的确是需要相当的经验，当你面对着各式各样的场合，面对着各式各样的人物，要能做到通过言谈拉近彼此的距离，实在不是一件容易的事。倘若交谈开始得不好，就不能继续发展双方之间的交往，而且还会使对方感到不快，给对方留下不好的印象。

谈话也是对自身资源的一次挖掘，很考验一个人的知识水平和文化层次，平时除了你所最关心、最感兴趣的问题之外，你要多储备一些和别人"闲谈"的资料。这些资料应轻松、有趣，容易引起别人的注意。

除了天气之外，还有些常用的闲谈资料。

1. 自己闹过的有些无伤大雅的笑话

像买东西上当啦、语言上的误会等，这一类的笑话，多数人都爱听。如果把别人闹的笑话拿来讲，固然也可以得到同样的效果，但对于那个闹笑话的人，就未免有点不敬，当然，只要你不指名道姓就可以。讲自己闹过的笑话，开开自己的玩笑，能够博人一笑之外，还会使人觉得你为人很随和，很容易相处。

2. 惊险故事

特别是自己或朋友亲身经历的惊险故事，最能引起别人的注意。人们的生活常常不是一帆风顺的，每天大家照常吃饭、照常睡觉，可是忽然大祸临头了，或者是被迫到一个很远的地方，路上可能遭遇到很多危险……怎样应付这些不平常的局面、怎样机智地或是幸运地在危难时刻死里逃生，都是让人永远不会漠视的话题。

3. 健康与医药，也是人人都感兴趣的话题

新发明的药品，著名的医生，对流行病的医疗护理，自己或亲友养病的经验，怎样可以延年益寿，怎样可以增加体重，怎样可以减肥……这一类的话题，也许纯粹就是一家之言，但它能吸引人的注意力，而且也没有什么不好。特别在遇到朋友或其家人健康有问题的时候，假如你能向他提供有价值的意见，那他更是会对你非常感激的。事实上，有哪一个人、哪一个家庭没有这方面的问题呢？

4. 家庭问题

关于每个家庭里需要知道的各方面的知识，例如，儿童教育、购物经验、夫妇之间怎样相处、亲友之间的交际应酬、家庭布置……这一切，也会使大多数人产生兴趣，家庭主妇们尤其关心这些问题。

5. 运动与娱乐

夏天谈游泳，冬天谈溜冰，其他如足球、羽毛球、篮球、乒乓球，都能引起人们普遍的兴趣。娱乐方面像盆栽、集邮、钓鱼、听唱片、看戏，什么地方可以吃到著名的食品，怎样安排假期的节目……这些都是一般人饶有兴趣的话题。特别是有世界著名的音乐家、乐团前来表演的时候，或是有特别卖座的好戏、好影片上演的时候，这些更是惹人关注的闲谈资料。

6. 轰动一时的社会新闻也是热闹的闲谈资料

假使你有一些特有的新闻或特殊的意见和看法，那足可以把一批听众吸引在你的周围。

7. 政治和信仰

倘若与你遇到的人，大家在政治上的见解颇为接近，或是具有共同的宗教信仰，那这方面的话题，就变成最生动、最热烈、最引人入胜的了。

8. 笑话

当然，人人都喜欢听笑话，假如你构思了大量的笑话，而又富有说笑话的经验的话，那你恐怕是最受人欢迎的人了。

与人闲谈是人际交流中必要的环节，但是需要注意的是，很多人在闲谈中往往把握不好分寸，甚至说一些不负责任的闲话，而这些闲话中难免会涉及别人的是非，如果说得多了，难免会伤害一些人。

常听到这样一句评价人的话："这个人说话不经过大脑。"就是指有的人在闲谈中不注意分寸，有的话没经过思考就说出来了，完全没有顾及听者的反应。

小夏是个大学生，因为长相可爱，性格开朗，所以结交了不少的朋友。但是很快，小夏就发现了一个问题：那些朋友和她交流过几次之后，就不再与她来往了。小夏也弄不清楚到底是什么原因造成的。

后来有一次，一个和小夏关系还不错的朋友告诉了她问题的所在。

"小夏，你有的时候说话太伤人了。"这个朋友说，"你说的话可能不是有心的，也不是故意想伤害别人，可是你的话还是伤了别人。"

"是这样吗？我怎么不知道？"

"就说参加同学聚会那次吧，当时有个挺胖的女孩子，你还记得吧？"

"记得。"

"你在吃饭的时候不停地说什么胖的人容易得病、性格不好等，虽然我们都知道你不过是闲谈而已，但是你说的时候完全没有考虑到那个女孩的感受。那个女孩当时几乎什么东西都没敢吃，回去的路上她还哭了呢，说她也不想那么胖。"

"但是，我并没有说她，只是因为说到时下减肥的话题时才说起来的。"小夏为自己辩解。

"是这样没错，可是你的话毕竟是伤到别人了，虽然你是无心的。"朋友严肃地对小夏说。"不管和什么人在一起，都要注意自己的言行，否则你的一句无心的话，可能会伤害到别人，就会被人疏远。"

《智慧书》的作者、哲学家葛莱西安在书中就说过这样的话："没有一个人类的活动像说话一样需要小心翼翼，因为没有一种活动比说话更频繁、更普通的了，甚至我们的成败输赢都取决于说的话。"

在人际交往中，人们主要是从交谈中了解一个人思想和修养的，即使是非正式场合下的闲谈，你的言行也都在透露出你的品德。人们就是根据一人的言语对其表示喜欢或者排斥。因为不论你的学历有多高，你的财富有多少，你的言语都像画笔一样勾画着你的形象，尤其是在闲谈中的言语，更能很好地反映出一个人的修养。没有人愿和一个缺乏修养的人建立感情。

艾琳决定和她的朋友苏珊断绝来往了，因为她实在受不了苏珊的毛病。

"我和苏珊经常在一起闲谈，本来女人之间聊天闲谈也没什么，可是苏珊总喜欢在我面前说别人的是非，而且还都是一些鸡毛蒜皮的小事，令人难以忍受。

"有一次，她在我面前大谈婚姻问题，还提到现在的女孩喜欢和比自己大很多的男人恋爱，她觉得那样的婚姻没有互相理解的基础，有隔代的差距，是不会幸福的。虽然我知道苏珊的话并没有针对任何人，但是当时我妹妹就在和比她大很多的男人恋爱，这苏珊也知道，她的话让我非常不舒服。

"所以我不打算和她继续做朋友了，与其把时间浪费在听她闲谈别人的是非上，不如和别的朋友在一起聊一些有意义的话题呢。"

在闲谈中，一定要掌握一些技巧，不要随意地评价某人，即使这个人并不在现场。谈一些大家共同感兴趣的话题，避免说一些容易让大家感到消极的、不愿意谈及的话题，更不要把自己或别人的隐私当作公共话题来议论。特别是要注意在说笑话或者调侃的时候，不要让别人感觉你是一个不够稳重和没有教养的人。

最好的办法就是在别人闲谈中留心大家感兴趣的话题，然后加入进去。或者干脆谈一些诸如经济、体育、娱乐、天气等比较不容易得罪人的话题。还要注意的是，在说话的时候留意对方的反应，以判断你的话题是否合适，方便做适时的调整。还有就是要避免在说话的时候与人发生争论，即使有也要想办法避开。

千万要记住，不要因为闲谈中的无心之举而失去了朋友。

错了就要赶快道歉

人非圣贤，孰能无过？但是有的人却认为承认错误是暴露了自己的缺点和错误，尤其在别人面前，是一件有失身份的事情，所以即使犯了错也不肯承认，遮遮掩掩，甚至在别人当面指出或提出的时候都不肯承认，更不要说道歉了。

然而，你要清楚，与其等别人提出批评、指责，还不如主动认错、道歉，这样更易于获得谅解、宽恕。凡是坚信自己一贯正确，发生争端总是武断地指责对方大错特错，从不认错、道歉的人，根本交不到朋友，或易交难处，永远缺乏知心朋友。

如果由于自身的孤傲和不安全感宁可让友情出现裂痕也不愿意说"我错了"这句话，那实在是愚蠢之至。诺曼·皮勒说过："真正的道歉绝不只是简单地认错，而是对你说过或做过的有损友好关系的言行表示真诚的歉意，并真心实意地希望友谊得以修复。"

1755 年，在竞选弗吉尼亚州议员的辩论中，23 岁的上校乔治·华盛顿说了一些侮辱小个子对手、脾气暴躁的潘恩的话，对方当即用桃木拐杖把他打倒在地。站在一旁的士兵立刻冲上去，想为年轻的上校报仇，华盛顿本人却从地上爬起来阻止了他们，说他会处理好此事。

第二天，他写信给潘恩，邀请他在一家酒馆同自己会面。潘恩到达后，本以为华盛顿会要求他先表示歉意，然后与他进行决斗，谁料，华盛顿却先对他表示了歉意，并主动伸出和解之手。

道歉并非示弱。一个人要承认自己的错误是需要勇气的。人都免不了有出错的时候。一旦错了，就得道歉，只有如此才能避免更大的损失。

有些人明知道是自己不对，可是碍于所谓的身份或者面子，不肯主动认错，觉得认错很没面子，所以冲突也就无法解决。其实一个人能主动承认错误，就是一种勇气，这不仅有助于解决相关的矛盾，也能取得一定的满足感。

说"对不起"的时候，眼睛一定要直视对方，只有这样才能传递出你的心意。如果一边做事一边道歉，或者用回避的方式，都表现不出你的诚意，无法让对方感觉到你是真的认错。没有辩解的道歉才能让对方感觉你的心意，达到道歉的目的。

小伟在朋友的生日宴会上喝多了，将女主人最喜欢的一个花瓶失手打碎了，以小伟的经济实力赔不起这个花瓶。

为了表示自己的歉意，小伟挑选了一张精致的贺卡，写上自己的歉意：我知道我的行为给你们造成了困扰，也知道自己的行为是无法原谅的，请相信我绝对不是故意的，如果当时我没有喝醉，也就不会发生那种事情了，所以请接受我最真挚的歉意。

小伟将卡片亲手交到朋友手里，并带了一瓶朋友最喜欢的酒，不是为了表示赔偿那个花瓶，而是为了表示真诚的歉意。

小伟的这种道歉方式很艺术，你也可以不直接说出"对不起"，而是像小伟这样用一张卡片或一份小礼物等，都可以表示歉意。最重要的是不要回避，一开始就要先承认自己的错误，而且道歉一定要有诚意。

真心实意地认错、道歉就不必强调客观原因，做过多的辩解。就是确有非解释不可的客观原因，也必须在诚恳地道歉之后再略为解释，而不宜一开口就辩解不休。否则，你对自己的错误实际上是抱着抽象否定、具体肯定的态度，这种道歉，不但不利于弥合双方思想感情上的裂痕，反而会扩大裂痕、加深隔阂。双方成见很深，当对方正处在火头上，好话歹话都听不进时，最好先通过第三者转致歉意，待对方火气平息之后，再当面赔礼、道歉。

有时当务之急不是先分清谁是谁非，而是要求双方求同存异去对付共同面临的困难或"敌手"。如双方僵持不下，势必两败俱伤。如一方先主动表示歉意，就有可能打破僵局，化紧张为和谐，乃至化"敌"为友。

要记住，真正的道歉不只是认错，同时也意味着承认自己的行为给对方造成的困扰，而你对彼此之间的关系很重视，希望通过道歉可以化解冲突，重归于好。诚恳的歉意不仅能弥补彼此之间的关系，还可以增进彼此的感情。所以，如果你犯了错，就大方地表示歉意，诚恳地说一句"对不起"。

设身处地地为朋友考虑

人生得一知己是幸运的，许多事不必说他就能心领神会，知己深知你心中的每一根琴弦和音调，在你刚刚弹出第一个音符的时候，他已经知道了整个乐曲的内容。这就是历史上高山流水的美谈，这就是白居易"同是天涯沦落人，相逢何必曾相识"的感叹。

生活本来就充满矛盾，这是人与人之间产生误解和隔阂的根源，是通向友谊王国的"拦路虎"。与真心朋友交往就要给对方多一些理解，多站在别人的立场和角度来为他着想，这也就是所谓的"穿朋友的鞋子"。

古人说："同师曰朋，同志曰友。"《世说新语》里记载，管宁和华歆同席读书，同师教导，其朋友之情有多深厚，不得而知，但割席绝交是一件极其让人痛心的事。古代圣贤讲究君子安贫乐道，耻言富贵，管宁割席的缘由正是华歆有崇尚富贵之嫌。人们历来赞赏管宁的品节高尚，但从社交之道来看，管宁就因为一点点"富贵之嫌"，就无丝毫规劝，轻而易举地"废"掉了占人生重要地位的友谊吗？

管宁对朋友似乎太苛刻了，他们之间缺乏理解和体谅。实际上，人各有志，人各有异，朋友之间是一个个独立的个体；再者，世界也是绚丽多彩的，事物也是复杂多样的，因而人的思想和见解不可能统一在同一个水平线上。有人爱吃饭，有人爱吃菜；有人爱喝茶，有人爱喝咖啡；有人喜欢跳舞，有人喜欢武术。所以我们交友不一定得要求别人各个方面都完全符合自己，我们只要取其志同道合、情投意合这一两点，就可以与他结为朋友，最后发展为知己。

说什么话，做什么事，都多站在对方的立场上考虑。这是成功学大师卡耐基曾总结出的一条重要的交际经验。

怎样做到善解人意呢？你必须保持对对方"同感"的理解，其实这也是一种说话技巧。

说话时注意给朋友"同感"的理解

朋友之间应该互相帮助，一对好朋友彼此坦诚相待，真诚相帮，双方都有"不是亲人，胜似亲人"的感觉。

当自己有不懂的地方向对方请教后，终于解开了疑惑，自己也由此获得知识，你对对方的尊重更会加深。

若不然，你既向别人求教，又对别人持轻视态度，谁会买你的账呢？

当你将自己的欢悦与困惑向朋友倾诉时，如果你的朋友对你的倾诉不屑一顾，试问，这样的友情还有必要存在吗？

因此，我们应该学会多给朋友帮助和鼓励，同时，你也会在朋友的帮助和鼓励中达到双方感情上的沟通。

人与人之间情感的沟通，是交往得以维持并向更为密切方向发展的重要条件，是人对客观事物所持态度的内心体验。情感沟通由两部分组成：一是"共鸣"，即对同一事物或同类事物具有相仿的态度及相仿的内心体验；二是"振荡"，即由于"共鸣"而双方情绪相互影响，以致达到一种比较强烈的程度。前者是找到共同语言，后者是掏出心来，心心相印。

所谓"同感"，就是对于对方所述，表示自己有同样的想法和经历。比如吴倩以十分认真的语调告诉她的好朋友李蓉，她想自杀。李蓉去问她为什么，也不板起脸孔说教一番，而是说："是啊，我曾经也有过同样的想法，记得是那天发生的一件事，使我看到了人为什么要勇敢地活下去……"结果吴倩就轻松地谈起了她的烦恼与苦闷。李蓉边听边点头，表示理解和关注。后来吴倩不但勇敢地活了下去，并且做出了成绩。她和那位善解人意的李蓉的友谊愈来愈深了。

情感沟通的程度，以每当回忆起这段交往时，所导致的兴奋程度为标准。比如，当你读到友人来信中的下面这段话，你俩的感情就绝不会变得冷漠。"不知怎的，你在上次谈论中的一举一动、一言一语都给我留下深刻的记忆，竟是那么清晰动人。真的，我很高兴与你一起度过了那个下午……"当对方常常联想到这段交往时，就伴着愉悦的心境，则这种沟通也就达到了。

这就是心灵的沟通。

融洽亲人，贴心暖语营造快乐家庭

理智化解夫妻间的争吵

夫妻唇齿相依，就免不了唇齿相碰。因而，对于这对矛盾体，夫妻之间发生争吵，实属正常。

俗话说："夫妻没有隔夜仇，床头吵架床尾和。"争吵虽会在平静的生活中激起波澜，但是往往事情过后双方会加深了解和体谅，乃至回味无穷。但是，这种化解艺术并非人人都能掌握，弄不好还会导致家庭破裂。既然有些架非吵不可，那么我们还是要试着学会去化解，至少要把其中的冲突减少到最低限度。

1. 与对方发生争执时，要控制自己的情绪，说一些宽慰、幽默的话来缓和气氛。

2. 夫妻之间发生矛盾时，千万不要用尖酸、刻薄、讽刺的话去伤害对方，否则自己痛快了，对方却好几天缓不过来。

3. 当遭遇爱人的无礼时，要豁达大度，做一个理智的让步，这不仅对自己有好处，而且能避免把事态弄得很僵。

4. 发生矛盾时，要保持冷静的头脑，将心比心、设身处地地为对方设想，话要说到点子上，这样，才能使爱人消气，言归于好。

5. 夫妻吵架是两个人的事，切忌把外人牵扯进来。吵架后，也不要轻易断绝"外交"关系。

父母吵架时的劝说艺术

通常夫妻吵架有时会陷入双方谁也不服谁的僵局。这个时候如果孩子能很好地劝架，那么夫妻的吵架问题就很容易解决。

世间最美满的家庭也难免有矛盾，父母发生摩擦闹矛盾，甚至公开吵架时，作为孩子的你该怎么办？其实，最重要的是你要当好中间人，因为在任何家庭中，父、母、子女三者的关系总是最亲密的，子女是父母感情的纽带，在父母面前，始终处于被爱护、被关心的地位。

有一位教育家这样说过："我小的时候，隔壁邻居家夫妻两个经常吵架，而他们吵架的时候两个孩子通常只是在一边傻傻地看着，或是流泪，夫妻俩总是小事吵成大事，大事就更不得了，一直到有人劝为止。"通常夫妻吵架有时会陷入双方谁也不服谁的僵局。这个时候如果孩子能很好地劝架，那么夫妻的吵架问题就很容易解决。

所以，当父母争吵时，我们绝不可以意气用事。不能把自己置于局外人的位置，对父母的争吵毫不过问，冷眼旁观，自称

"小孩不管大人的事"，也不能不分青红皂白跟着大吵大闹，把父母双方都责怪一通，最后两人吵变成三人吵。

张浚是家里的独生子，平时仗着父母的溺爱，他对父母说话时很少注意语气。有一天，张浚父母因为朋友结婚送红包的事发生了口角，一个说送的多了，一个说送的不多，张浚不耐烦了，大声对父母说："不就是送个钱吗，值得你们吵来吵去吗，烦死了。"父母听了更加生气了，只听见妈妈说："你知道什么，一送就是五百，钱有那么容易赚吗？"爸爸也开口了："烦就滚出去，老子养了你一辈子了，还嫌我烦。"

就这样两人吵变成三人吵了。其实，这时父母最需要的是子女的安慰，张浚应立即做好劝说工作，这时不妨对父亲这样说："爸，您不是一向都对人宽宏大量吗？现在怎么和您老婆这么计较啊。"相信他听了这样的话，肯定会为这幽默的话而开口大笑，一场家庭纠纷也就会化解于无形之中。劝母亲时可以这样说："我爸那边早已经妥协了，他也觉得自己做错了，正准备去菜市场买些大闸蟹（当然是母亲喜欢吃的，而又不舍得买），给您做一顿好吃的晚餐呢！"相信母亲会因为大闸蟹太贵而去阻止父亲，这样，不就能化解父母之间的矛盾了吗？

任何夫妻都有吵架的时候，这时，孩子的态度通常是很重要的，因为没有父母不疼自己的孩子，所以他们往往会因为孩子的一句话而"休战议和"。

说服父母有妙招

在现代社会中，许多子女都说与父母有代沟。的确，父母与孩子之间常常因为各种原因，而产生摩擦。家庭中父母与子女之间的摩擦，许多是因为两代人之间存在思想分歧，解决起来不太容易。而偏偏长辈大多固执，后辈又很执拗，所以矛盾时有发生。

在这种情况下，作为子女，要说服父母，就需要一定的技巧。

父母对子女寄予厚望，望子成龙、望女成凤是他们梦寐以求的，而且在日常生活中，他们也常常教导子女要敢闯敢干，将来要做一个有作为、有成就的人。因此，在说服父母时，如果你提出的意见与他们的目标一致，成功的概率就很大了。

有一位刚毕业的年轻人在一家公司找到了工作，而父亲不同意儿子的选择，希望他能去某国家机关工作。这个年轻人说："这家公司我了解过了，很有前途，生产的是高科技产品，和我学的专业很对口。再说，国家机关好是好，可是人才济济，我到那里要想干出一番事业，恐怕机会不多。可是，在这家公司就不同了，我去那里，总经理要我马上把技术工作抓起来，这是多好的机会。是该独立思考的时候了，我想您一定会支持我的。"

如果用这样的方式与父亲沟通，即使他心里可能仍然存有疑虑，但会认真考虑，并最终接受儿子的看法，因为儿子考虑事情的角度和自己是一致的。

一般来说，父母很注意自身的尊严，对说过的话不会轻易失信，而且会及时兑现。所以，在说服他们时，就可以适当利用这种心理，用他们的话作为自己的旗帜，就很容易成功了。

有时候，虽然父母和我们的想法会有些不同，可做儿女的还是应该真心实意地爱他们，关心他们的冷暖和健康，为他们分忧解愁。这样，你就会有许多机会来说服你的父母，有了诚恳、礼貌、亲切的态度，话自然而然就会说得顺耳、讲得动听了。

人与人之间应该互相尊重，子女对父母更应该如此。而这种尊重，很重要的一个方面就是经常向老人请教和商量问题。许多事情，应该经常及时地与父母商量，听听他们的意见，这无疑是有好处的。

孩子需要你的赞美

家长对孩子每时每刻的欣赏、赞美、鼓励会增强孩子的自尊、自信。

有一种苦味的药丸，外面裹着糖衣，使人先感到甜味，容易一口吞下去。于是，药物进入胃肠，药性发生作用，疾病也就好了。同样地，父母要对孩子说规劝的话，在说之前，先给他一番赞誉，让孩子尝一些甜头，然后你再说那些规劝的话，孩子就容易接受了。

古语云："数子十过，不如奖子一长。"跟孩子讲道理，应充分肯定孩子的长处，在此基础上再对孩子的过错予以纠正，这样孩子就容易接受。如果一味地数落孩子，只会让孩子产生自卑心理和逆反心理。

恰到好处的赞美是父母与孩子沟通的润滑剂。家长对孩子每时每刻的欣赏、赞美、鼓励会增强孩子的自尊、自信。我们要切记：赞美鼓励使孩子进步，批评指责使孩子落后。

南京某厂技术员周宏用赞美的办法，把双耳几乎失聪的女儿婷婷教育成了高才生。

周宏第一次看小婷婷做应用题，十道题只做对了一道，按说该发火，可是他没有。他在对的地方打了一个大大的红钩，并由衷地赞扬她："你太了不起了，第一次做应用题十道就对了一道，爸爸像你这么大的时候，碰都不敢碰呢！"八岁的小婷婷听了这些话，自豪极了。

在父母的鼓励下，十岁那年，婷婷就写作出版了六万字的科幻童话。消息见报后，不少残疾儿童被送到周宏门下，都在周宏的"赏识教育法"下获得了很大进步。他说："哪怕天下所有人都看不起你的孩子，你都应该眼含热泪地欣赏他，拥抱他，赞美他。"

周宏巧妙地把赞美运用到了孩子的教育问题上。赞美开发了孩子内在的潜力，激起了他们学习上的热情，唤起了他们强烈的进取心，使孩子变"要我学"为"我要学"，从而在心理上彻底解放了孩子。

人都是爱听好话，喜欢受到表扬的。美国著名的心理学家威廉·詹姆斯研究发现："人类本性最深刻的渴望就是受到赞美。"孩子更是如此。因为孩子好奇心强但自信心不足，他们对自己的每一点小小的进步都非常在乎，渴望得到大人的肯定。所以，恰当的赞美往往能够帮助孩子更好地成长。

然而，在现实生活中，有的家长不是。他们认为孩子是自己生的自己养的，督促学习也是为了孩子好，不必老是哄着、捧着，甚至以为不打不成材，"棍棒底下出孝子"。因此，这些家长老是居高临下，总想从精神上肉体上驾驭孩子，结果孩子在家长的高压下，心情焦虑，逐渐出现心理障碍，甚至精神和行为失控，不少家长为此付出了惨痛的代价。他们不知，光靠压是不行的。只有加强引导，让孩子好之乐之，孩子才会"不用扬鞭自奋蹄"。而赞美就是一剂良方。

其实，心理学中的"罗森塔尔效应"，揭示的就是"赏识—赞美"的巨大作用。现实生活中，也不乏这样的经典范例。如19世纪德国《卡尔·威特的教育》的真实记录；我国著名教育家陶行知先生"四块糖果"的故事等。

事实证明，如果家长能够恰当地运用赞美，就会帮助孩子达到光辉的顶点。因此，家长学会赞美孩子是很有必要的。要学会赞美孩子，就要做到：

1.尊重孩子

家长只有把孩子当作朋友，平等相待，切实尊重孩子，提倡"友道尊重"，才会从内心去赞美孩子。

2.要有一颗平常心

我们有的家长对孩子的期望值过高。当一些不切实际的目标达不到时，便采用极端的手段来对付孩子，恨铁不成钢时，家长根本就不可能去赞美孩子。

3.要了解孩子

平时要多观察孩子有什么爱好，从而对症下药，激励孩子，帮助孩子，使他们好之乐之，才会学有所成。

4.要持久

孩子的培养不可能一蹴而就，这是一个漫长的过程。作为家长，应持之以恒，使孩子在赞美声中健康成长。

5.坚持原则

准备赞美孩子时，必须坚持原则，只有在他做了值得赞美的事情时，才去赞美。由于溺爱，有些父母无原则地对孩子的种种行为加以赞美，使孩子养成是非不清、骄横跋扈的坏习惯。孩子按大人的要求去做了并做得很好，就应该及时赞美，做了不对的事情，即使孩子哭闹，耍赖皮也千万不要迁就他、说好话。否则，赞美就会失去原有的积极意义。

6. 掌握时机

当孩子正在做或已做完某件有意义的事，应当及时给予适当的赞美，如一时忘记了，也要设法补上。如孩子在老师的说服下，吃饭时终于肯吃蔬菜了，父母应立即予以赞美。须知，在孩子应当得到赞美、渴望得到赞美时，成人的熟视无睹无异于给孩子当头浇上一盆冷水。

7. 就事论事

不要直接赞美孩子整个人，而应该赞美孩子的具体行为，也不要夸大其词，言过其实。例如，当孩子画一幅不错的儿童画时，千万不能说："真聪明！"而应说："哟，这幅画不错。"要知道，过分的赞美会给孩子播下爱慕虚荣的种子。

8. 当众赞美

赞美孩子时，应当着别人的面。孩子的成绩当众传播了，这就是双重的奖励。如，孩子的妈妈说："孩子很懂礼貌。"以后孩子总是十分小心地维持这种赞美，并且养成懂礼貌的好习惯，每次将客人送到门外，都会说："再见，请以后再来玩。"

9. 掌握分寸

孩子经过努力做出了成绩，或者做完了他理所应当做的事情，都应该得到赞美。但在日常生活中，注意不要重复赞美某件事情，当孩子养成良好的习惯后，就可以适当减少对孩子这一方面的赞美。赞美孩子并给以适当的奖励或是亲吻或是搂抱，都会给孩子以奇妙的力量。

在对孩子的教育中，家长不应当吝啬赞美、吝啬肯定、吝啬鼓励。只有学会这些，并适当地运用这些，才会使孩子树立向上的信心，鼓起前进的勇气，大胆地往前走。

父母应学会与孩子对话

父母要消除与孩子之间的代沟，让孩子敞开心扉和自己说话，赢得孩子的热爱，就要首先懂得孩子内心的秘密。而孩子内心最大的秘密是情感，或情感的焦虑。因此，父母必须要掌握情感交流的秘方，走进孩子的内心世界，增强彼此之间的信任和感情。

作为孩子，如果遭遇了问题或烦恼，首先求助的是父母。如果做父母的不善于与孩子交流，也就从一开始就阻断了与孩子之间的融洽关系。

小花是一个爱紧张而又爱哭的女孩子。她的表妹小羽来跟她住了一个假期。暑假快结束时，就要回家了。小花非常舍不得，眼泪汪汪地对妈妈说："羽羽就要走了，以后又是只有我一个人了。"

妈妈很轻快地说："你会另外再找到一个好朋友的。"

小花回答说："可是我还是会很寂寞的。"

妈妈开始安慰她："过不了多久，你就会忘了。"

"啊，妈！"小花说着就哭起来了。

妈妈生气了："你都快念中学了，还是这么爱哭。"

小花狠狠地瞪了妈一眼，跑进卧室里，哭得更伤心了。

为什么会出现这种结果呢？原因就在于，孩子对于友情、亲情的渴望。他们对自己的感情需求很在意。然而，成人往往对孩子的这种情感需求很不在乎。这样，就会忽视孩子的感觉，对孩子细小的情感波动表现冷酷。这样一种对待孩子的情感反应方式显然不利于父母与孩子之间的情感交流。

事实上，孩子最需要的就是父母对他的重视，哪怕是当时的实际情况一点也不严重，父母也不能掉以轻心。或许在上例中的母亲看来，女儿不应该因为与表妹分开就流泪哭鼻子，但是她的反应却不应该没有同情。做母亲的应该这么想：女儿很难过，我应该尽最大的努力来帮助她。尽量设法使她知道我明白她内心的感觉。如果这样想，她就可以用以下方式来安慰女儿："羽羽走了，让人觉得很寂寞。你们俩这么要好，真舍不得让她走。"

"你会想她的。"这种反应使父母与孩子之间产生亲密的感觉。孩子的内心感受一旦被父母了解了，他的寂寞和情感创伤就会消失。父母对于孩子的了解和同情是情感的绷带，可以治愈孩子受伤的心灵。因此，要达成和谐美满的亲子交流，做父母的也必须要对情感交流的技巧加以自觉地领会。

做父母的如何才能架设好与孩子之间的情感交流的桥梁呢？比较实际的做法，就是从克服自己与孩子的情感交流的障碍开始。通常而言，当孩子试图与你谈论他内心的烦恼时，如下反应方式，都有可能加速交流障碍的形成：

用命令、指示或指挥的语气，告诉孩子该去做什么事情，给他下命令："我不管别的父母如何做，你必须给我……"

用警告、责备或威胁的语气，告诉孩子如果他做了某件事情会产生什么样的后果："如果你知道好歹的话……"

用说教、教化或规劝的语气，告诉孩子他应该如何做："你应当……"

以提出忠告、方法或建议的方式，告诉孩子该怎样解决问题：

"为什么不用另一种方法来替代呢……"

用评判、批评、否定或指责的语气，对孩子进行负面的评判："你那样做太不应该了……"

以谩骂、嘲笑或羞辱的方式，使孩子感到自己犯傻，把孩子归入另类，羞辱他："你的行为像一个不懂事的孩子……"

那么，父母应该怎么跟孩子交流呢？

通过解释、分析或诊断的方式，告诉孩子他的动机是什么，或者分析他为什么那样说，那样做。让孩子感到你在给他筹划，帮他分析："你那样说是想……"

用保证、同情、安慰或支持的方式，努力使孩子感觉好受一些。劝说他从不良情绪中解脱出来，尽力消除他的不良情绪，否认不良情绪的影响："不要担心，情况会变好的。"

用探索、询问的方式，努力去找理由、动机和原因，获取更多的信息帮助孩子解决问题："关于这件事情，你还和哪些孩子说过了？"

以退缩、转移或迁就的方式，努力使孩子从问题中摆脱出来，自己也避开问题，分散孩子对问题的注意力，引导孩子把问题搁置起来："吃饭的时间咱们不谈这个。"

而正确的反映方式则基本不需要表达出自己的意见、评判和感觉，应让孩子把自己的意见、判断和感受充分表达出来，给孩子打开一扇门，引导孩子去说话，使孩子在交流过程中发泄自己的情绪，理清自己的思路，进而自己找出解决的方法。

用这种态度来与孩子进行情感方面的沟通，以下一些回应方式是比较简单而又有用的：

"哦！"

"我懂了！"

"有意思。"

"怎么样啦？"

"真的？！"

"我简直不相信，真是这样？"

其他一些反应在诱导孩子去讲、去说方面，更为有效：

"把这件事情讲给我听听。"

"我想听听这件事情。"

"后来呢？"

"听起来你对这件事情有话要说。"

"这件事看起来对你很重要。"

"咱们一起来讨论一下吧。"

恰当化解与父母的争执

在孩子的眼里，父母似乎永远是"自由"的反义词；在父母的眼里，孩子似乎总是"天真"的代名词。当你对某一事物的看法与父母不一致，而父母又不肯改变自己的意见时，你应该运用怎样的说话技巧说服父母呢？

与父母意见不一致时，很多人会与父母顶嘴、唇枪舌剑地理论，也有一些人会躲在一边生闷气，再不就是拂袖而去，一走了之……这样做也许可以在一定程度上发泄你愤怒的情绪，却会伤害你与父母之间的感情，而且也无助于培养你和父母相互尊重的习惯。因此，最好学会掌握说话的艺术，以建设性的方式处理你与父母的不一致的想法。

下面不妨看看这样一个例子：

小王到北京出差时，遇到张敏，两人一见如故，短短一个月便成为亲密无间的好友。事情办完后小王不得不离开北京，临走前小王把自己的地址、电话都留给了张敏。

没过多久，张敏也出差，目的地正好是小王所在的城市，于是他给小王打了电话。二人在小王家见面了，像故友一样两人无话不谈。等张敏走后，小王的父母发话了："你怎么交了这么个朋友，这个人看起来很不地道。"小王一听不乐意了："我交什么朋友，你们都不满意。""我们这是为你好，怎么这么不懂事？""你们看着好就一定好吗？你们觉着不好，就不能来往吗？"父母听了气不打一处来，开始骂了起来。小王一看这样说下去肯定不行，马上缓和了口气："我知道你们是为我好，张敏和我属于同一个集团，做事干练，人也挺好的，而且从小没了父母，也怪可怜的。再说了我都这么大了，也能分清是非了。"父母听了小王的话也缓和了下来，最后小王终于说服了父母。

子女与父母发生争执是很正常的，因为一个人看问题的角度往往与他（她）过去的经历和现在的状况有关。因此，每个人的看法都会有一定的道理。与你相比，父母的人生阅历丰富，考虑问题会比较周到，但也容易形成固定的看法，产生偏见。你呢？由于思想上没有那么多框框，容易接受新东西，但考虑问题难免片面、肤浅。如果你既能看到对方意见中不合理的成分，还能看到其中有道理的一面，不仅能化干戈为玉帛，还会得到有益的借鉴。

当你与父母的意见不一致的时候，不妨静下心来想想：父母为什么会有这样的看法？其中是否有一定的道理？最好先肯定父母观点中有道理的一面，再说明自己的看法。即使你完全不同意父母的意见，也不要用挖苦的语调大声地与父母说话，那样父母会感到受到伤害。如果你感到当时不能控制自己的情绪，最好先找个借口离开现场，等大家都心平气和的时候再讨论这个问题。

如果你与父母中的一位关系更亲近，不妨先和他（她）讨论这个问题，说服了一位再请他（她）帮你说服另一位。当然，你也可以请好友到家来一起参与你与父母的讨论。如果父母知道与你同龄的孩子也有与你类似的想法，可能会更容易理解和考虑你的意见。

解决争端的过程是一个相互协商的过程，彼此尊重对方的权利非常重要。和你一样，父母有权坚持自己的意见，有权表达不愉快的情绪。作为孩子，你应该尊重他们的权利，这样，他们才更容易尊重你的权利。

多一些了解，少一些冷漠；多一些关爱，少一些摩擦；多一些鼓励，少一些责备。如果我们能为父母多想想，站在他人的角度看自己，也许和父母的争执就不会那么激烈了。

孩子需要父母的支持，父母更需要孩子的理解。只要多和父母交流，坦诚相待，也许在与父母的争执过程中会闪出爱的火花。

图书在版编目（CIP）数据

心理学与沟通技巧 / 连山编著. — 北京：中国华侨出版社，2018.3
（2018.9重印）

ISBN 978-7-5113-7535-3

Ⅰ.①心… Ⅱ.①连… Ⅲ.①心理交往－社会心理学－通俗读物
Ⅳ.①C912.11-49

中国版本图书馆CIP数据核字(2018)第031340号

心理学与沟通技巧

编　　著：连　山
责任编辑：泰　然
封面设计：冬　凡
文字编辑：聂尊阳
美术编辑：李思雨
经　　销：新华书店
开　　本：880mm×1230mm　1/32　印张：8.5　字数：183千字
印　　刷：三河市金元印装有限公司
版　　次：2018年5月第1版　2019年1月第5次印刷
书　　号：ISBN 978-7-5113-7535-3
定　　价：36.00元

中国华侨出版社　北京市朝阳区静安里26号通成达大厦3层　邮编：100028
法律顾问：陈鹰律师事务所
发 行 部：（010）88893001　　　　传　　真：（010）62707370
网　　址：www.oveaschin.com　　　E－m a i l：oveaschin@sina.com

如果发现印装质量问题，影响阅读，请与印刷厂联系调换。